5차원
독서치료

# 5차원 독서치료

1판 1쇄 발행  2017. 5. 29.
1판 3쇄 발행  2023. 11. 1.

지은이  원동연 · 유혜숙 · 유동준

발행인  고세규
편집  임지숙 | 디자인  조명이
발행처  김영사
등록  1979년 5월 17일(제406-2003-036호)
주소  경기도 파주시 문발로 197(문발동)  우편번호 10881
전화  마케팅부 031)955-3100, 편집부 031)955-3250 | 팩스  031)955-3111

값은 뒤표지에 있습니다.
ISBN 978-89-349-7751-3  04370    ISBN 978-89-349-7754-4 (세트)

독자 의견 전화  031)955-3200
홈페이지  www.gimmyoung.com            블로그  blog.naver.com/gybook
인스타그램  instagram.com/gimmyoung      이메일  bestbook@gimmyoung.com

좋은 독자가 좋은 책을 만듭니다.
김영사는 독자 여러분의 의견에 항상 귀 기울이고 있습니다.

이 책은 2005년 4월 25일 발행한 《5차원 독서치료》의 개정판입니다(1판 7쇄 발행 2013.08.16).

몸과 마음의 힘을
길러주는 생각연습

# 5차원
# 독서치료

## 5 Dimensional
## BIBLIOTHERAPY

원동연 · 유혜숙 · 유동준 지음

김영사

## 1부 독서치료

## 2부  5차원 독서치료

20년 전 한 권의 책을 내면서 다음과 같이 사람을 길러야 한다고 주장
했다. 전인격적 인성인 지력·심력·체력·자기관리 능력·인간관계 능
력의 다섯 가지 요소를 전면적으로 갖출 수 있는 5차원 전면교육을 실
시해야 하며, 이런 교육을 받은 사람이 인생에서 승리할 힘을 지닐 수
있다고 말했다. 우리는 이런 사람을 다이아몬드칼라라고 불렀다.

 어느덧 20년의 시간이 흘렀다. 그간 우리는 1만 5,000명 이상의 교
사, 부모, 전문가가 함께 이 주장이 가능한가에 대해 실험해왔다. 그리
고 그 결실이 한국을 비롯해 중국, 몽골, 러시아, 미국 등에서 나타나
기 시작했다. 1996년 중국 연변과학기술대학교에서 5차원 전면교육을
실시한 후, 옌지시 2중에서 하위권 학생들이 본 교육을 통해 최상위권
으로 올라가기도 했다. 1997년 몽골 밝은미래종합학교에서는 길거리
에 버려진 아이들에게 본 교육을 적용해 일반 학교 학생들보다 더 좋
은 결과를 얻기도 했고, 2001년 몽골의 나차긴 바가반디 대통령과 필

자의 면담을 통해 2002년 몽골국제대학교를 설립하고 중앙아시아에서 본 교육을 할 수 있는 근거를 확보했다. 2006년 라오스국립대학교에서 5차원 전면교육을 적용했으며, 2012년 탄자니아연합대학교를 설립하는 등 12개국 이상에서 본 교육을 실시해왔다. 한국에서는 세인고등학교에서 최초로 본 교육을 적용한 이후 벨국제학교 설립, 동두천중·고등학교의 전면교육 실시, 그리고 미래 인재를 개발하기 위해 설립한 디아글로벌학교를 통해 귀한 열매들을 수확해왔다. 그리고 2017년에는 KAIST 미래전략대학원에서 5차원 전면교육이 수용성 교육이라는 이름으로 국가 미래 교육의 모델로 제시되기도 했다.

이러한 지금까지의 열매를 바탕으로 책을 개정해 출간하기로 결정하고, 우선 다섯 권부터 개정을 시작했다. 첫째, 전인격적 인성 교육을 바탕으로 수용성을 길러줄 핵심 역량을 담은 《5차원 전면교육 학습법》을 《5차원 전면교육》이라는 이름으로 재개정했다. 둘째, 창조적 지성을 길러줄 핵심 역량을 배울 수 있는 《5차원 독서법과 학문의 9단계》를 수정·보완했으며 셋째, 언어 수용성을 확보해 누구나 글로벌 커뮤니케이션 능력을 기를 수 있는 핵심 역량을 제시한 《5차원 영어 학습법》을 《5차원 영어》로 보완 재개정했다. 넷째, 수학을 포기한 사람이 '수학이 언어'라는 중요한 개념을 인식함으로써 누구나 수학을 쉽게 이해할 수 있으며, 융합적 능력을 확보하기 위한 핵심 역량을 배울 수 있는 《5차원 수학》을 이전에 발간한 《대한민국 수학교과서》를 대신해 수정 재개정했다. 다섯째, 바른 세계관을 기를 핵심 역량을 확보할 수 있도록 재설계한 《5차원 독서치료》를 재개정했다.

이 책은 바른 세계관을 정립하기 위한 핵심 역량을 배울 수 있는《5차원 독서치료》이다. 인간 행동 양식의 기저에는 가치 체계가 있는데, 이것이 다르면 서로 다른 행동 양식이 나타난다. 이러한 가치 체계의 밑바탕에는 세계관이 있다. 결국 인간이 제대로 된 행동 양식을 습득하기 위해서는 주변 세계에 대한 나름대로의 견해와 관점인 세계관의 문제를 다루지 않으면 안 된다.

인간은 오관을 통해 경험하는데, 오관이 불완전하기 때문에 정보를 왜곡해 입수한다. 이렇게 불완전한 경험을 바탕으로 형성되는 세계관 또한 그러하며, 거기에서 나온 가치 체계와 행동 양식까지 불완전해진다. 또 한번 형성된 세계관은 쉽게 바뀌지 않으므로 이것이 개인의 폐쇄성으로 나타나기도 한다. 즉 서로가 상반된 의견으로 충돌했을 때, 양보하거나 절충하려 하기보다는 자기 의견을 고수하려는 경향이 나타난다.

바른 세계관을 가지면 일관되고 통일된 삶을 살 수 있다. 인생의 목적은 세계관을 바탕으로 생성된다. 삶의 목적이 있기 때문에 항상 자신의 일에 의미와 가치를 부여할 수 있다. 즉 자족하며 살아가기에 생동감이 있을 수밖에 없으며, 문화 충격과 충돌을 극복할 수 있다. 우리는 다양한 문화 속에서 살아가기 때문에 여러 행동 양식과 가치 체계가 지속적으로 부딪치는데, 그때 세계관은 어떤 것을 취하고 버릴지 분별하도록 하는 거름망 역할을 한다. 그러므로 세계관을 바르게 정립하는 것이 무엇보다 중요하다.

세계관을 바르게 수정하고 보완하기 위해서는 개인의 개방성을 유도할 수 있는 새롭고 획기적인 교육체계를 갖추어야 한다. 이러한 교육

체계를 통해, 다양한 문화 가운데 살아가는 개인이 바른 가치와 철학을 가지고 문화 충격과 충돌을 극복할 수 있도록 도울 것이다.

세계관을 다루면서 과거의 잘못된 지식과 경험으로 생성된 부정적 사고의 치유가 매우 절실함을 깨닫는다. 이를 해결하기 위해 부정적 사고의 기본 원인을 치료해 긍정적으로 사고할 수 있게 해야 한다. 그런데 부정적 사고를 치유하는 내용과 방법이 일정하지 않다. 마치 모든 사람이 제각기 다른 모습을 하고 있는 것과 같다. 여기에 더해 개인마다 사고하는 내용과 방법도 다르고, 사고하는 능력, 수준도 천차만별이다. 따라서 이런 다양한 상황을 극복할 수 있는 치료법을 마련해야 한다. 가장 현실적인 치료 방안으로 수용성 교육에서는 독서치료 방법을 적용한다.

사람마다 자신의 인생에서 생긴 문제와 당면한 역작용을 염두에 두고 그와 구조가 유사한 허구의 스토리를 읽어가는 것이다. 그 허구의 스토리와 자신의 인생 스토리가 만나면서 상호작용이 일어나는 것이 독서치료의 시작이다. 독서치료는 그 효과가 나타나기까지 거쳐야 하는 필연적인 과정이 있으며, 그 과정에는 감정과 사고, 행동을 변화시키는 원리가 존재한다. 그리고 이런 과정을 통해 바른 세계관을 구축하는 데 도움을 준다.

이번에 개정한 책을 통해 독자 스스로 독서 능력에 자신감을 갖고, 자신의 문제를 스스로 파악하고 해결하며, 건강하고 성공적인 삶을 살아가기 위해 필요한 세계관을 정립하는 데 자그마한 보탬이 될 수 있기를 기대한다.

우리는 인생이라는 긴 여정 속에서 많은 일을 경험하며 각자 고유한 인생 스토리를 엮어간다. 그 스토리에는 사랑, 기쁨, 희망, 성공 등 좋은 기억도 있겠지만 실패와 방황, 슬픔과 절망, 분노와 원망 등 아픔을 겪으면서 마음에 아물지 않는 상처가 남는 일도 허다하다. 복잡하고 빠르게 돌아가는 일상 속에서 현대인은 모두가 마음의 병이 들었다고 누군가는 말한다. 신체적 질병과는 달리 마음의 병은 원인을 파악하기도 어려우며, 따라서 치료법을 처방하는 일도 쉽지 않다.

그러나 이러한 마음의 병을 그대로 방치하면 상처는 강력하고 부정적인 에너지가 되어 우리 몸을 병들게 하고 삶을 황폐하게 만들기도 한다. 더구나 그 상처는 전염성이 있어 주변의 다른 사람에게도 피해를 주며 아픔을 확산시키기까지 한다. 그러므로 마음의 상처를 적절히 치유하고 건강한 삶을 되찾는 일은 매우 중요하다.

요즈음 여러 형태의 정신적·정서적 장애를 치유하기 위해 음악 치료, 미술 치료, 동물 치료, 놀이 치료, 향기 치료 등을 보조적 치료법으로 활용하고 있으나, 실효적 측면에서는 한계가 있음을 부인할 수 없다. 독서치료는 사람의 인식과 사고 구조를 변화시킴으로써 자신이 처한 상황과 문제를 객관적으로 조망하고, 건설적이며 대안적 인생을 살아갈 수 있도록 도와주는 효과적인 방법이다.

독서치료의 목적은 크게 두 가지이다.

첫째, 독서치료는 책 읽기를 통해 정신적·정서적·사회적 갈등을 파악하고 보다 현실적인 사고력을 개발해 건설적으로 문제를 해결할 수 있는 방법을 모색하도록 하는 예방적인 목적이다. 즉, 자기 자신에 대해 깊이 이해하고, 처한 상황과 문제를 올바로 인식하도록 사고의 폭을 넓혀줌으로써 사회 적응력을 키워주고, 안정적인 인간관계와 사회성을 촉진하는 것을 목적으로 한다.

둘째, 정서적 문제와 정신적 질환이 있는 사람에게, 마치 환자에게 약을 처방하듯 문제의 원인을 분석하고 그에 적합한 독서 자료를 읽게 함으로써 마음의 상처를 치유하고, 감정과 행동을 변화시켜 건강한 삶을 회복시키는 치료적인 목적이다.

이러한 목적 아래 독서치료를 실행하는 방법에는 두 가지가 있는데, 하나는 독서치료사가 적극적으로 독서참여자의 진단과 치료에 개입해 역동적으로 상호작용을 통해 치료에 이르게 하는 방법이다. 다른 한 가지는 독서치료사가 개입하지 않고 독서참여자가 선정하고 스스로 읽으면서 치료에 도달하게 하는 방법이다. 이것을 자가 독서치료라고 부른다.

자가 독서치료는 독서참여자 자신이 독서치료사가 되어 주도적으로 책을 선정해 자신의 문제를 파악하고 치료함으로써 상처의 회복과 문제 해결의 주체가 되어 자아 통찰에 도달하도록 하는 것이다. 이런 방법의 장점은 누구나 독서치료에 쉽게 접근할 수 있다는 점, 다른 사람에게 자신의 문제를 노출시키지 않아도 된다는 점이다. 무엇보다 가장 중요한 장점은 스스로 치유 능력을 계발해 미래에 닥쳐올 문제에 대처하는 면역 체제를 확립하는 것이다.

이렇게 하기 위해서는 독서참여자가 올바른 독서 자료를 선정하고 책의 내용을 이해하며, 자신의 문제를 객관적으로 보고 주관적으로 자신에게 적용하는 실제적인 지침과 훈련이 필요하다. 이 책은 자가 독서치료를 위한 이론과 적용의 실제를 제공함으로써 효과적인 독서치료 가이드북이 될 것이다. 또 독서참여자가 독서를 통해 스스로 책을 읽으면서 자아 통찰에 이르러 건강한 삶을 관리하도록 하는 독서치료의 방법을 제시하는 데 중점을 두었다.

1부에서는 독서치료의 개관을 살펴보고 독서치료의 원동력을 구성하는 말과 글의 힘, 책과 스토리의 상관관계와 그 영향력을 설명했다. 2부에서는 독서치료의 효과를 극대화하는 방법으로 5차원 독서치료의 원리와 방법을 소개했다. 3부에서는 보다 구체적인 실천 방법으로 5차원 독서치료를 다섯 가지 영역으로 구분해 각각 세분화된 지침을 설명했으며, 실제로 훈련할 수 있는 워크북 형태로 구성했다. 4부에서는 5차원 독서치료법의 역동성을 설명하는 구조와 가치를 다루었으며, 5부에서는 실제로 독서치료를 실습해볼 수 있도록 했다. 부록에서는 독서 능력을 신장해 개인의 역량을 최대화할 수 있는 학문의 9단계 원리와 5차원 독서치료를 위한 도서 목록을 소개했다.

1부
—

독서치료

# 1

# 독서치료란 무엇인가?

독서치료란 문학작품을 치료 목적으로 사용해 사람의 정신적 갈등이나 정서적 문제를 해결한다는 의미이다. 독서치료란 용어는 책biblion과 치료therapia라는 그리스어에서 유래했다. 치료는 영어의 'cure'에 해당하는 말이지만 독서치료에서 내용적으로는 통찰력을 '계발하다enlighten' 혹은 '육성하다promote'라는 의미를 함축한다. 즉 독서치료는 자기 이해를 기반으로 한 인식과 통합의 요소를 담고 있다.

독서치료는 '책을 통해 마음을 치유한다'라는 일반적 정의에서 정신의학, 교육학, 상담학 등 전문적 영역 중 특수한 대상과 상황에 적용하는 세분화된 의미까지 다양하게 정의해왔다. 고대의 가장 오래된 테베의 한 도서관에는 '영혼을 치유하는 곳'이라는 현판이 있었고, 알렉산드리아의 도서관에서는 책을 '영혼을 치유하는 약'이라 부르기도 했다. 이는 고대부터 책이 치료적인 효과를 발휘했음을 입증한다.

독서는 지식과 정보를 습득하게 하며, 정서력을 배양하고, 판단력을 키우며, 창조적인 사고력을 증진한다. 독서를 지속적으로 하는 사람들은 끊임없는 자기 계발을 하며 그들이 속한 사회 속에서 뛰어난 감응력으로 변화하는 상황에 유연하게 대처하는 능력을 가지고 있다.

독서치료는 독서의 영향력을 더욱 확장해 상처받은 마음을 치유하고 회복시키는 방법이다. 이는 책 내용을 인지적으로 이해하고 지식을 습득하는 지적인 활동뿐 아니라 아픈 곳을 치료할 수 있도록 감성적이며 정서적 반응에 초점을 둔다.

재미있는 책을 읽으면서 그 내용에 몰입해 손에 땀을 쥐고 긴장하기도 하고, 때로는 벅차오르는 기쁨을 느끼기도 하며, 때로는 안타까움과 슬픔에 사로잡혀본 경험이 있을 것이다. 공상 과학소설을 읽으면서 상상의 나래 속에서 우주에 떠 있는 듯한 느낌을 받기도 하고, 슬픈 사랑의 이야기를 읽으면서 함께 마음 아파하기도 한다. 즉 소설을 읽으면서 아픔, 두려움, 분노, 울분, 수치심 등의 감정을 현실 세계에서 경험하는 것과 같은 동질감을 느끼는 것이다. 이러한 동질감과 유대감은 독자로의 정서적 반응을 고취해 감정적 발산에 이르게 한다.

다시 말해 독서치료는 독자가 소설을 통해 동질감을 느끼며 깊이 감정이입되면서 카타르시스에 이르는 과정이다. 그러나 실제로 책 속 등장인물과 상황이 독자 자신의 것은 아니기에 동시에 거리감도 느낀다. 이러한 거리감은 독자가 객관적으로 상황을 인식하고 평가해 문제 해결에 도달하도록 도와주는 역할을 한다.

이 같은 독서치료의 기본 원리는 《성경》에서 찾을 수 있다. 다윗 왕이 밧세바라는 여인의 남편을 죽게 하고 그녀와 결혼한 후 선지자 나단이 다윗을 찾아온다. 나단은 다윗에게 이야기를 하나 들려준다. 어떤 부자가 자기의 양과 소는 아껴두고 가난한 자의 유일한 양을 빼앗아 행인에게 나누어주었다는 이야기이다. 이를 들은 다윗은 분노하며 그 악한 부자를 벌주라고 명한다. 그때 나단은 당신이 바로 그 사람이라고 지적한다. 즉 나단은 다윗의 잘못을 직접 지적하거나 책망하지 않고 거리감을 둔 적절한 비유를 활용함으로써 다윗이 자기의 잘못된 행실을 방어하거나 부인하지 않는 대신, 상황을 객관적으로 인식하고 올바로 판단하도록 길을 열어준 것이다. 나단의 역할은 단지 그 스토리와 다윗의 관계를 연결해 유대감을 확인시켜준 것이다.

현대의 독서치료사나 상담자의 역할은 독서참여자와 독서 자료를 연결하는 것이며, 독서치료는 독서참여자와 독서 자료의 밀접한 상호작용, 즉 거리감과 유대감의 지속적인 작용 속에서 감정적 통찰에 이르도록 하는 과정이다.

앞서 말한 대로 독서치료라는 용어에서 치료에는 '통찰력을 계발하거나 육성한다'라는 의미가 내포되어 있다. 즉 독서치료에는 자기실현 self-actualized의 의미가 포함되었다고 할 수 있으며, 치료 효과는 독서참여자의 동기와 의지에 많이 좌우된다는 것을 의미한다. 이는 독서치료의 주체가 독서치료사나 상담자 같은 타인이 아니라 독서참여자 자신이며, 궁극적 목표는 책과 밀접한 상호작용을 통해 스스로 통찰력을 키워 문제를 해결하고 건설적인 삶을 살아가게 한다는 것이다.

이제까지 독서치료의 기본 원리와 실제적 예를 살펴보았다. 다음 장에서는 독서치료의 원동력, 즉 책 읽기를 통해 사람의 마음이 치유되는 힘이 어디에서 나오는지, 그 원천이 되는 말(언어)과 글(문자)의 힘을 살펴보기로 하겠다.

# 2

# 진흙 서판과 독서치료

**①  진흙 서판과 독서치료**

종이를 발명한 것은 8세기경 이탈리아에서였다. 종이를 발명하기 전까
지의 아주 장구한 세월 동안 인류는 종이 대용품을 사용했다. 가장 대
표적인 대용품은 파피루스와 양피지이다. 파피루스는 갈대와 유사한
식물의 줄기를 펴서 만든 것이고, 양피지는 양 등의 가축을 잡아 그 가
죽을 말린 것이다. 그런데 파피루스나 양피지보다 더 오래된 종이 대용
품이 있었으니, 바로 진흙 서판이다.

　진흙 서판은 접착력이 강한 진흙을 햇볕과 그늘에 교차적으로 말려
종이 대신 사용한 판을 말한다. 최초의 종이 대용품인 진흙 서판이 등
장한 것은 기원전 4,000~3,500년경이다. 물론 지금의 종이에 비하면
조잡하기가 그지없지만, 진흙이리도 말려 기록해두고 싶을 정도로 기
록에 대한 인류의 열망은 간절했다.

그러나 아무리 기록에 대한 열망이 절실했다 하더라도 종이 대용품만 있어서는 기록은 꿈에 지나지 않았을 것이다. 당연히 문자가 있어야 했고, 그래서 지금 보면 문자라고도 할 수 없는 일종의 상형기호(문자)의 출현이 진흙 서판을 뒤따랐다. 이렇게 진흙 서판과 상형기호의 출현은 그 자체로 놀라운 사건이었다. 이는 기록에 대한 인류의 오랜 열망을 극적으로 점화하는 도화선이 되었기 때문이다.

그러한 도화선의 출발지는 수메르이다. 수메르는 오늘날 이라크 남단쯤 위치했던 것으로 추정하는 도시국가이다. 수메르가 어떻게 해서 기록에 대한 인류의 오랜 열망의 도화선이 되었는지는 여러 설이 분분하다. 그러나 그것은 그리 중요하지 않다. 정말로 중요한 사실은 어쨌든 기록의 역사가 점화되었다는 점이다. 기록의 역사가 점화된 것은 이후 인류 문명의 본질을 바꾸어놓기에 충분한 사건이다. 진흙 서판에 자신이 소유한 가축의 수 등을 그림(상형기호)으로 적어두는 것이 고작이었지만, 인류의 발전 역사를 살펴볼 때 그것은 가히 혁명적인 사건이다. 다음과 같은 세 가지 측면에서 그 의미와 가치를 살펴볼 수 있다.

첫째, 진흙 서판은 사람의 생각과 정서를 저장할 수 있게 해주었다. 사람의 기억에는 분명한 한계가 있어 때로는 너무도 흐릿했다. 그리고 언제까지나 사람의 기억에만 의존할 수도 없는 일이었다. 태어나고 죽는 것이 인생의 순환 구조이고, 그러한 구조 속에 기억도 존재하고 소멸하는 순환을 거듭하기 때문이다.

반면, 기록에는 저장의 한계가 없다. 저장과 관련해 기록은 무한대의 저장 능력을 발휘했다. 말린 진흙 서판만 있으면 무엇이든 무한정 기록해 저장해놓을 수 있었기 때문이다.

특별히 소리로 내는 말spoken language과의 관계에서 진흙 서판 기록의 등장은 획기적이다. 소리로 표현되는 말은 속성상 발음하자마자 바로 사라져버린다. 그래서 저장과 보존이 불가능했다. 그런데 진흙을 말린 서판은 소리로 표현되는 말을 문자로 적을 수 있도록 해주었고, 생각과 감정까지 저장하고 유지하며 보존할 수 있게 해주었다. 이것은 실로 혁명적 일이었다.

둘째, 진흙 서판은 사람의 생각과 감정을 저장하고 보관하게 해줄 뿐 아니라 보급이 가능하게 해주었다. 당시에는 소리로 표현되는 말을 보급한다는 것은 불가능한 일이었다. 따라서 반복해서 듣는 것은 아예 불가능했다. 녹음기나 할 수 있는 이 불가능한 일을 진흙 서판이 훌륭히 수행해냈다.

바로 이 점 때문에 진흙 서판의 등장은 생각과 감정이 한 사람에게만 머물지 않고 많은 사람에게 전달되어 보편화되는 길을 열어주었다. 수메르에 사는 사람이 자신의 생각과 정서를 이집트에 있는 사람에게 전하기 위해 직접 이집트까지 갈 필요가 없어졌다. 또 그 사람이 죽는다 하더라도, 그 사람의 생각과 정서가 시간과 공간을 초월해 다른 지역 다른 사람에게 어렵지 않게 전달할 수 있게 되었다. 말하자면 인류에게 시공을 초월할 수 있는 언어 도구가 주어진 것이다. 그만큼 진흙 서판의 등장은 인류 문명의 전환점이 되었다.

셋째, 진흙 서판은 사람의 생각과 감정을 저장하고 보급하게 해주었을 뿐 아니라, 사람을 교육할 수 있게 해주었다. 잘 알다시피 교육은 반복적인 학습과 훈련이 필요하다. 그런데 소리로 표현되는 말로는 반복 훈련이 여의치 않다. 언제나 선생이 학생 곁에 붙어 있을 수도 없고, 항상 같은 교육을 반복할 수도 없기 때문이다.

그러나 진흙 서판의 기록은 같은 교육 내용을 언제 어느 때나 반복해 학습할 수 있었다. 그런 면에서 진흙 서판은 더할 나위 없는 반복 훈련 도구였다. 교육에 관한 한 자타가 최고의 교육으로 공인하는 유대인 교육의 비결이 기록을 통한 반복 훈련이라는 것은 이제 공인된 사실이다.

그렇다고 소리로 표현되는 말이 기록된 말보다 열등하다는 뜻은 아니다. 기록된 글은 소리로 표현되는 말을 눈에 보이도록 적어놓은 것이다. 말과 글의 관계는 우열 관계가 아니다. 더구나 종속 관계도 아니다. 상호 보완적인 관계일 뿐이다. 그럼에도 소리로 표현되던 말을 기록된 말로 시각화하게 되었다는 것은 바로 위의 세 가지 면에서 가히 혁명적인 사건이라고 할 수 있다.

## ❷ 필사자와 독서치료

그런데 진흙 서판에 쓰인 기록을 읽을 수 있는 사람은 매우 한정되어 있었다. 당시 지식층 이외에 기록을 접할 수 있는 대상은 지극히 제한적이었다. 또 진흙 서판의 기록을 복사하는 것도 매우 어려운 일이었다. 원본을 복사해놓아야 그 복사본을 다른 지역, 다른 사람에게 보급할 수 있는데, 복사란 당시로서는 결코 수월치 않은 일이었다. 필사자의 등장은 이 두 가지 문제를 해결하는 데 결정적 공헌을 했다. 물론 필사자의 가장 큰 책무는 진흙 서판의 기록을 보고, 있는 그대로 다른 진흙 판에 베껴 쓰는 것이다.

그러나 이것만이 그의 책무는 아니었다. 인류 문명 초기, 진흙 서판과 상형문자의 발명은 필사자를 힘들게 했다. 그에게는 진흙 서판의 기록을 복사하는 책무 외에 진흙 서판의 기록을 사람들에게 읽어주는 부가적인 책무까지 주어졌다.

필사자는 사람들을 모았고, 사람들은 필사자가 읽어주는 기록을 들었다. 이것이 당대에는 유일한 보급 방법이었다. 그런데 사람들을 모아놓고 책을 읽어주는 방식에는 다음과 같은 의미도 포함되어 있었다.

① 소리 내서 읽어야 마음의 혼란을 줄이고 기록의 내용에 집중할 수 있다.
② 소리 내서 읽어야 기록의 내용이 공기 속으로 사라지고, 공기 속으로 사라져야 영구히 존재할 수 있다.

이는 철학적 의미일 뿐 아니라 종교적 의미가 내포되어 있다. 사람을 모아놓고 책을 읽어주는 방식은 이때부터 태동해 적어도 인쇄술이 발달해 보급이 용이해진 중세까지 아주 오랜 기간 동안 인류의 보편적 책 읽기 방식이 되었다.

당연히 사람들은 필사자 겸 낭독가가 읽어주는 진흙 서판의 기록을 듣기 위해 그의 주위로 몰려들었다. 진흙 서판의 내용을 듣기 위해 집에서 먼 거리를 이동하는 수고도 마다하지 않았다. 그러다 보니 자연스럽게 필사자의 시대적 책무는 점점 중요한 것으로 자리 잡을 수밖에 없었다. 이러한 필사자의 책 읽어주기 방식은 대략 다음과 같은 두 가지 양상을 띤 것으로 추정한다.

   ① 필사자의 감정을 넣어 글을 읽어주기
   ② 필자자의 감정은 가능한 한 배제하고 글만 읽어주기

  문제는 필사자가 첫 번째 방식으로 책을 읽어주었든, 아니면 두 번째 방식으로 읽어주었든, 필사자가 읽어주는 책의 내용을 들으면서 사람들이 자신의 문제를 살펴보고 회상했다는 점이다. 필사자가 읽어주는 내용을 들으면서 깜짝 놀라기도 하고, 흐느끼고, 기뻐하고, 박수 치고, 한숨 쉬는 등 좀 더 적극적인 감정의 발산을 통해 사람들은 자신을 발견하고 우회적으로 자신의 내면을 분출할 수 있었다.

  다시 말해, 필사자가 읽어주는 내용을 들으면서 그 책의 내용 속에 같이 들어갔다 나오고, 다시 들어갔다 나오는 과정을 거듭하면서 책에 등장하는 남의 이야기를 통해 자신을 보다 객관적으로 보기 시작했다는 점이다. 이러한 과정은 책의 치료적 특성을 나타내는 중요한 원리가 된다. 남의 이야기 속에서 자기 자신을 바라보는 것은 마음의 상처를 치유할 수 있는 독서치료의 시작이기 때문이다. 이를 좀 더 풀어서 정리하면, 책 읽어주기에 의한 독서치료는 다음과 같이 진행된 것으로 보인다.

   ① 필사자가 읽어주는 기록의 내용을 듣는다.
   ② 읽어주는 기록의 내용에서 자신과 유사한 모습을 발견한다.
   ③ 읽어주는 기록을 듣다가 그 가운데 발견한 모습에 자신을 전이, 이

입한다.

④ 필사자가 읽어주는 기록을 따라 그 기록 속에 들어가 기록의 내용에 따라 반응한다. 즉 기록의 내용에 따라 웃고 울고, 한숨을 내쉬면서 내면의 감정을 발산한다.

⑤ 발산 과정을 통해 자기 내면의 아픔이 치유 여정을 시작한다.

이렇게 고대의 독서치료가 필사자가 읽어주는 책을 듣는 방식으로 이루어졌다는 것을 입증하는 고고학적 사례는 여러 곳에서 발견된다. 앞에서도 언급한 것처럼 고대 그리스의 테베 도서관 자리에서 발견된 '영혼을 치유하는 장소'라고 쓰인 현판이나, 스위스의 세인트골 도서관 자리에서 출토된 '영혼을 위한 약상자'라는 유적은 필사자의 책 읽어주기에 의한 독서치료가 보편적으로 실행되어왔음을 보여주는 역사적인 증거이다.

여기서 흥미로운 점은 필사자가 읽어주는 기록을 들은 사람이 그 내용을 기억했다가 그것을 자기 것으로 소화해, 다시 다른 사람에게 들려주는 순환 방식이 성행했다는 사실이다. 들었던 것을 기억해 자기 것으로 소화했다가 다른 사람에게 다시 그것을 들려주는 방식을 이른바 '구전'이라고 한다. 꼭 서양이나 그리스의 예를 들지 않더라도, 가깝게는 우리 옛 시 가운데서 나옹선사가 쓴 '선시'도 입에서 입으로 순환 방식을 통해 전해 내려온 대표적인 예이다.

청산은 니를 보고 말없이 살라 하고
청공은 나를 보고 티 없이 살라 하네

사랑도 벗어놓고 미움도 벗어놓고
물같이 바람같이 살다가 가라 하네

흥미로운 점은 우리가 구전이라는 방법을 통해 책 내용을 들으면서 함께 웃고, 울고, 안타까워하고, 분노하고, 의분을 느끼면서 확보한 독서치료 능력을 다시 체험하고, 그것을 또다시 다른 사람에게 구전으로 들려줄 때 치유 능력이 배가되었다는 사실이다. 바로 이러한 점과 관련해서 흥미로운 사실은 독서치료라는 용어의 그리스어 어원이 구전에 의한 이런 순환 방식을 지시하는 단어의 파생어라는 점이다. 따라서 독서치료biblion therapia란 단어가 '책' 또는 '순환'이란 의미를 지닌 그리스어 단어 biblion과 치유란 뜻의 그리스어 단어 therapia의 합성어라는 것은 전혀 이상한 일이 아니다.

# 3 말의 힘과 독서치료

사람을 치유하는 책의 원동력은 무엇일까? 책 읽기를 통해 사람이 치유받고 변화되는 힘은 어디서 유래되는 것일까? 종이로 된 책 자체에 그런 힘이 있는 것은 아니다. 그 힘은 책 자체에 있는 것이 아니라 책에 쓰인 글에 있다. 그런데 글은 말이다. 즉 글은 시각화된 말이고 말은 음성화된 글이다. 이러한 말에는 사람을 변화시키는 힘이 있다. 그래서 글에도 그 힘이 그대로 함의되어 있다. 결국 책 읽기를 통해 독서치료 효과가 나타나는 것은 종이로 된 책 자체의 힘이 아니라, 말의 힘 때문이라는 것을 알 수 있다.

그러면 독서치료의 원동력이 되는 말에는 어떤 힘이 있을까? 개괄적으로 요약해보면 말의 힘은 다음과 같이 대략 여덟 가지로 대별할 수 있다.

① 말은 정서를 표출한다.

② 말은 정보를 제공한다.

③ 말은 행동을 지시한다.

④ 말은 공동체를 묶는다.

⑤ 말은 무한 체계를 형성한다.

⑥ 말은 시공간을 초월한다.

⑦ 말은 인식을 창조한다.

⑧ 말은 사람의 현실을 창조한다.

이제 한 가지씩 자세히 살펴보자.


## ❶ 말은 정서를 표출한다

사람은 말을 통해 자신의 정서와 감정을 표현한다. 말하는 사람이 자신의 감정을 생각으로만 담고 있는 것과 입 밖으로 표현할 때 그 파장은 매우 달라진다. 생각은 생각일 뿐이며 생각만으로는 남에게 직접적인 영향을 끼치지 않는다. 예를 들어 내가 생각 속에서 어떤 사람을 미워하고 있다고 하자. 생각 속에서야 얼마든지 그를 미워하고 비난할 수 있다. 내가 자기를 미워하고 있다는 사실을 그가 알아차리지 않는 한, 내가 생각 속에만 담고 있는 것으로 나와 그의 관계가 표면적으로는 달라지지 않는다.

그러나 소리로 표현하는 말이나 문자화한 말은 그렇지 않다. 우선 한 번 표현한 말은 다시 담기가 쉽지 않다. 말을 취소하기 어려울 뿐만 아니라 표현한 말로 뜻하지 않은 파장을 불러일으킬 수 있다. 그런데 파장은 연쇄적으로 사람들의 관계를 변화시키기도 한다. 다시 말해, 내가 그 사람을 미워하고 있다는 말을 소리나 글로 표현하는 순간, 그 말은 나와 그를 둘러싼 현실을 급속하게 변화시킬 수 있다. 더구나 감정을 실은 말은 반응이 더욱 빠르게 나타난다. 감정이 담긴 말을 들은 사람은 직접적으로나 간접적으로 감정이 담긴 상대의 말에 민감하게 반응한다. 말하는 사람이 표현한 말과 그 말을 듣는 사람의 관계를 상호 반응이라고 한다.

특별히 감정을 실은 말은, 그 말을 듣는 사람을 생각하게 하고 분별하게 하고 판단하게 하며 결심하고 행동하게 한다. 연속 반응으로 말은 행동을 야기하는 것이다. 이것이 바로 말의 힘이다. 그런데 이러한 힘을 가진 말을 시각적 형태의 문자로 표현한 것이 글이다. 그래서 말의 힘과 동일한 힘이 글에도 있는 것이다. 독서치료의 근원은 이러한 힘에 있다. 이것이 바로 독서치료의 원동력이다.

## ❷ 말은 정보를 제공한다

말에는 정보를 제공하는 기능이 있다. 정보를 담은 말은 듣는 사람의 반응을 유도한다. 즉 정보를 담은 말과 그 말을 들은 사람 사이에는 일정한 상호 반응이 발생한다. 바로 그 상호 반응이 정보를 들은 사람을 생각·분별·판단·결심·행동하게 한다. 문제는 잘못된 정보를 제공한 때이다. 이때는 잘못된 정보를 담은 말과 그 말을 들은 사람 사이에 상호 반응이 부정적으로 나타난다.

더구나 잘못된 정보를 담은 말은 속성상 순환 속도가 더 빠르며, 빠른 속도로 유포되기도 한다. 그렇게 순환과 유포를 반복하며 의미가 더욱 부정적인 방향으로 변질된다. 말하자면 잘못된 정보를 담은 말은 순환하면서 그 의미가 나쁜 쪽으로 확대되기도 하고, 나쁜 쪽으로 축소되기도 한다. 즉 최초의 말과 비교해 의미와 해석이 자유자재로 변형된다. 바로 이 때문에 잘못된 정보를 담은 말은 큰 오해를 사게도 하고, 예기치 않은 상황에 직면하게도 한다. 예를 들어보자.

자재과의 김○○가 공금을 횡령했대.

만약 누군가 이러한 잘못된 정보를 말했다면, 이 말의 일차 관계자의 관계가 변화된다. 일차 관계자란 이 말을 한 사람과 이 말 속 주인공인 김○○를 가리킨다. 이런 지각변동은 일차 관계자 사이에서뿐만 아니라 일차 관계자를 둘러싼 이차 관계자 사이에도 야기된다. 이차 관계자란 잘못된 정보를 유포한 사람과 김○○를 둘러싼 가족이나 동료를 말한다.

더 나아가 파장은 이차 관계자에서만 일어나는 것이 아니라 삼차 관계자 사이에도 일어날 수 있다. 삼차 관계자란 일차 관계자, 이차 관계자를 둘러싼 사람들을 말한다. 말하자면 회사 동료, 학교 동창, 이웃 등이 삼차 관계자이다. 이 사례는 부정적이며 잘못된 정보를 담은 말과 그 말을 접하는 사람 사이에 나타나는 역작용을 보여준다. 여기서 흥미로운 사회언어학계의 연구 중 하나는 잘못된 정보를 담은 말일수록 더

멀리 퍼지며, 퍼지는 속도 또한 빠르다는 점이다. 말의 종류는 내용에 따라 다음과 같이 세 가지로 분류할 수 있다.

① 남에 대한 험담(부정태)
② 험담도 아니고 덕담도 아닌 말(중간태)
③ 남에 대한 덕담(긍정태)

　문제는 말이 퍼지는 속도, 그리고 퍼지는 말의 파장은 먼저 남에 대한 험담, 그다음으로 험담도 아니고 덕담도 아닌 말, 그리고 남에 대한 덕담 순으로 신속해지고 강력해진다는 점이다. "발 없는 말이 천 리를 간다"는 속담은 바로 험담의 파장과 속도를 비유한 말이다. 이것이 바로 말의 힘이고 삶과 현실을 창조하는 말의 위력이다. 그런데 책에는 이러한 힘을 가진 말이 문자로 표현되어 있다. 그래서 책의 글을 접할 때도 말의 힘과 동일한 힘이 발휘된다. 이것이 바로 독서치료가 일어나는 원동력이다.

### ❸ 말은 행동을 지시한다

말에는 앞에서 본 것처럼, 정서를 표출하고 정보를 제공하는 힘 외에도 행동을 지시하는 기능이 있다. "하라!", "하지 마라!" 등 행동을 지시하는 말을 듣는 사람은 어떤 형식으로든 반응하게 되어 있다.

청소해라.

공부 열심히 해라.

담배 피우지 마라.

위와 같이 일단 행동을 지시하는 말을 들으면, 그 말과 그 말을 접한 사람 사이에 형태는 어느 정도 다르지만 상호 반응이 일어난다. 그 상호 반응은 그 말을 들은 사람을 사고하고, 판단하게 하고, 결심하고 행동하게 한다. 이것이 말의 힘이다. 즉 말은 한번 음성이나 문자로 표현했을 때 그 말을 접한 사람의 인식과 태도와 행동의 반응을 일으킨다. 책은 이러한 영향력을 지닌 말이 시각적 형태의 문자로 표현되어 있다. 그렇기 때문에 말의 힘과 동일한 힘이 글에서도 나타나는 것이다.

## ❹ 말은 공동체를 묶는다

앞에서 고대의 책 읽기에 의한 독서치료는 필사자가 주도했다는 사실을 알아보았다. 문제는 사람들을 모아놓고 진흙 서판(책)을 읽어주었을 때, 필사자가 읽어준 내용이 개인적 성향을 띤 것이라 보기는 어렵다는 점이다. 듣는 사람이 다수인 경우가 많았기 때문에 공동의 이해관계를 다룬 내용을 기록한 진흙 서판을 책 읽기 자료로 선택했을 가능성이 높다.

필사자가 읽어주는 책이 개인적이지 않고 어느 정도 공공성을 띤 것이었을 때, 듣는 사람들도 보다 집단적이고 공동체적인 반응을 보였을 것이다. 그런데 이 공동체적 상호 반응이 바로 언어사회학에서 말하는 공동체의 '얼'이다.

그러니까 말에는 같은 말을 쓰는 공동체에 그 집단 고유의 동일한 정신, 즉 얼을 부여하는 기능이 있다. 그와 마찬가지로 글에도 그 글을 접하는 공동체에 동일한 얼을 부여하는 기능이 있다. 이것이 바로 집단과 공동체와 민족과 인류를 변화시킬 수 있는 독서치료의 원동력이다.

## ⑤ 말은 무한 체계를 형성한다

말의 체계는 무한 체계이다. 무한대로 확장될 수 있다는 의미이다. 예컨대 접속사는 그 대표적인 장치이다. 접속사 '-고' 등으로 연결된 아래 문장은 말의 확장에 대한 예이다.

① 금강은 길이 394.79km이고,
② 금강은 길이 394.79km이고, 유역 면적 9,912.15km$^2$이고,
③ 금강은 길이 394.79km이고, 유역 면적 9,912.15km$^2$이고, 옥천 동쪽에서 보청천과
④ 금강은 길이 394.79km이고, 유역 면적 9,912.15km$^2$이고, 옥천 동쪽에서 보청천과 조치원 남부에서 미호천과
⑤ 금강은 길이 394.79km이고, 유역 면적 9,912.15km$^2$이고, 옥천 동쪽에서 보청천과 조치원 남부에서 미호천과 상류에서는 무주구천동과 영동에서는 양산팔경 등 계곡을 이루며

이 글은 접속사로 연결한 체계 속에서 끝없이 확장할 수 있다. 문장 ①은 접속사 '-고' 등을 통해 끊임없이 확장할 수 있다. 그러므로 세상에서 가장 긴 말이란 이론적으로 존재하지 않는다. 어떤 말이든 하나의 접속사만으로 끊임없이 이어나갈 수 있기 때문이다.

이렇게 무한 체계를 갖춘 말을 접하면, 상상력은 어떤 형식으로든 반응하게 되어 있다. 무한 체계를 지닌 말은 그 말을 접하는 사람에게 다양한 형태로 확장된 상상력을 불러일으킨다. 그래서 그 말을 들은 사람은 확장해서 상상하고, 사고하게 된다. 이것이 말이 가진 확장성의 힘이다. 책은 이러한 무한 확장 체계를 지닌 말을 문자로 표현한 것이다. 그래서 글에도 말의 무한한 확장력과 동일한 힘이 있고, 글을 접한 사람에게 무한 체계의 상상력과 사고력을 제공한다.

## ⑥ 말은 시공간을 초월한다

말에는 정서를 표출하고, 정보를 제공하고, 행동을 지시하고, 공동체를 묶고, 무한히 확장할 수 있는 기능 외에도 시공을 초월하는 기능이 있다. 즉 말은 시간과 공간을 초월한 사건이나 현상을 기술할 수 있다. 아직 경험하지 못한 미래에 대해서도 진술할 수 있으며, 동시에 과거에 대해서도 쉽게 기술할 수 있다. 심지어 다른 사람이 과거에 한 말을 인용해 또 다른 사람에게 그 말을 전달하는 기능도 있다.

이렇게 말은 시공간을 초월해 거의 모든 것을 표현하는 기능을 가지고 있다. 바로 이 시공간을 초월하는 말은 듣는 이를 사고하게 하고, 상상하게 하고, 창조하게 하고, 행동하게 한다. 또한 생각의 제약을 없애고 더 넓은 세상을 간접적으로 체험하게 해준다. 이것이 말의 힘이다. 그런데 책에는 시공간을 초월하는 이러한 힘을 가진 말이, 시각화된 문자로 기술되어 있다. 바로 이 때문에 책의 글에도 말의 힘과 동일한 힘이 나타난다.

### ❼ 말은 인식을 창조한다

말은 역기능으로든 순기능으로든 인식과 그 인식에 따른 현실을 창조하는 힘이 있다. 이 점에 대해 살펴보자.

우리는 자연 세계에 살고 있다. 그렇다고 자연 세계 그 자체에 살고 있는 것은 아니다. 자연 세계에 살고 있지만, 엄밀히 말하면 말이 창조한 자연 세계에 살고 있다. 말하자면 우리와 자연 세계 사이에 말이 매개로 작용하고, 그 말이 재구성해준 대로 자연 세계를 인식하는 것이다. 즉 우리는 말이라는 매개를 통해 자연 세계를 인식하고 있다. 말이라는 틀을 통해 자연 세계와 세상과 현상을 인식한다는 의미이다. 다시 말해, 현재 우리가 보고 느끼고 경험하고 듣는 자연 세계와 세상과 현상은, 실은 자연 세계 그 자체, 세상 그 자체, 현상 그 자체가 아니라 실은 말을 통해서 본 자연 세계이고, 말을 통해서 본 세상이고, 말을 통해서 본 현상일 뿐이다.

우리가 말이 구분해놓은 틀에 따라 자연 세계와 세상과 현상을 인식한다는 것을 보여주는 예는 허다하다. 예를 들어 우리는 맛을 쓴맛, 짠맛, 신맛, 단맛, 감칠맛 등 다섯 가지로 나누어 생각한다. 그리고 실제로 혀는 맛을 다섯 가지로 구분해 인식한다. 그런데 우리가 맛을 단지 다섯 가지로만 인식하는 이유는 우리말에 맛을 분류하는 말이 다섯 가지뿐이기 때문이다. 생리학적 측면에서 볼 때 쓴맛과 짠맛 사이에 뚜렷한 경계선이 있는 것은 아닐 것이다. 여기서부터는 쓴맛이고 그다음부터는 짠맛이라는 경계선은 없다. 쓴맛과 짠맛 사이에 쓴맛도 아니고 짠맛도 아닌 다른 맛이 있을 것이다.

하나의 가정으로 만약 우리말에 쓴맛과 짠맛 사이에 쓴맛도 아니고 짠맛도 아닌 중간 맛을 지칭하는 단어가 있었다면, 우리는 그 중간 맛도 구분하고 인식할 수 있을 것이다. 그러나 우리말에는 중간 맛을 지칭하는 단어가 없다. 그렇기 때문에 그 맛을 분간해낼 수 없다.

결국 혀가 실제로 느끼는 맛의 종류는 네 가지만이 아닐지도 모른다. 수십, 수백 가지 맛이 있을 수 있다. 또는 반대로 맛이 한두 가지밖에 없을 수도 있다. 그러나 수십, 수백 가지 맛이 있다 해도 현재는 이러한 맛을 표현하는 말이 없기 때문에 그 수십, 수백 가지 맛을 다 인식하지 못하는 것이다. 그 반대도 마찬가지이다. 실제로 맛은 한두 가지뿐인데 우리말에 맛을 나타내는 말이 다섯 가지가 있기 때문에 우리가 맛을 다섯 가지로 인식할 수도 있다. 이는 우리가 세상과 현상을 인식할 때 말이 주조해놓은 대로 사고하고 인식한다는 것을 보여주는 좋은 예이다.

또 다른 예를 살펴보자. 우리는 초등학교 때부터 태양 광선에는 빨강, 주황, 노랑, 초록, 파랑, 남색, 보라 등 일곱 가지 색깔이 있다고 생각해왔다. 그러나 우리가 태양 광선의 색깔이 일곱 가지가 있다고 생각하는 것은, 우리말에 태양 광선의 색깔을 분류하는 말이 일곱 가지뿐이기 때문이다.

맛의 경우와 마찬가지로, 색깔에도 빨강과 주황 사이에 분명한 경계선이 있는 것은 아닐 것이다. 빨강과 주황색 사이에 빨강도 아니고 주황색도 아닌 중간색이 있을 수 있다. 우리가 그 중간색을 인식하지 못하는 것은 우리말에 중간색을 지칭하는 말이 없기 때문이다.

이 같은 사실은 우리가 현재 보고, 느끼고, 맛보고, 듣고, 경험하는 세계는 실제 자연 세계라기보다는 말이라는 틀을 통해 바라본 자연 세계라는 사실을 알려주는 좋은 예이다. 말은 이렇게 우리의 인식과 현실을 창조하는 매개이다. 그런데 책에는 재창조한 자연 세계와 세상과 현상을 기술한 말이 시각화한 문자로 기술되어 있다. 그래서 결국 글도 인식을 창조하는 역할을 하는 것이며, 이것이 바로 독서치료의 근원적인 원동력이 된다.

### 8 말은 사람의 현실을 창조한다

말에는 정서를 표출하고, 정보를 제공하고, 행동을 지시하고, 공동체를 묶고, 무한히 확장될 수 있고, 시공간을 초월하고, 인식을 창조하는 기능이 있는 것 외에 현실을 창조하는 기능이 있다. 현실을 창조하는 말의 힘은 일단 한번 입에서 밖으로 표현되면 다시 주워 담기 어렵다는 점에서 출발한다. 그런데 입에서 한번 떨어진 말은 사람을 붙잡는 힘이 있다. 수동태적으로 말해서, 사람은 누구나 자기가 한 말에 의해서든,

아니면 남에게 들은 말에 의해서든 말에 붙잡히는 것이다. 즉 내가 말을 해놓고, 내가 한 말에 내가 매이기도 하고, 또 남이 한 말을 듣고 남이 내게 한 말에 내가 매이게도 된다. 즉 일단 표출된 말은 말한 사람과 들은 사람 모두에게 영향을 미친다. 그렇기 때문에 말에는 현실을 창조하는 힘이 있다고 한다.

말이 이렇게 우리 현실을 창조하는 기능이 있기 때문에 이러한 기능이 순기능으로 작용한다면 현실은 긍정적으로 새롭게 변화할 수 있으며, 역기능으로 작용한다면 현실은 보다 부정적인 방향으로 전개될 수 있다. 희망을 주는 말 한마디에 삶의 의욕을 잃고 쓰러져가던 사람이 재기할 수 있는 힘을 얻는다거나, 무심코 내뱉은 말 한마디 때문에 올바르게 살던 사람이 회의와 좌절에 빠지는 등의 일은 현실을 변화시키고 재창조하는 말의 힘을 보여주는 실증적인 예이다.

이렇게 놓고 본다면, 우리 인생은 지금까지 우리가 표출한 말과 다른 사람들에게 들은 말의 결과라고 할 수 있다. 개인의 인생이란 순간순간의 현실이 연속적으로 축적된 고유의 집합체이다. 순간순간의 현실이 모여 과거가 되며, 오늘이 되고 미래가 된다. 그렇게 해서 결국 인생 전체를 형성한다.

그런데 이렇게 인생을 형성하는 순간순간의 현실은 말의 영향을 받아 다른 방향으로 변화되기도 한다. 내 인생은 어느 정도는 나 자신이 한 말이나 남들에게 들어온 말에 따라 의식과 태도와 행동이 변화되어 이루어진 결과일 수 있다. 즉 지금 내 인생의 모습은 그동안 내가 한 말의 결과이거나, 남들에게 들어온 말의 결과라고 해도 과언이 아니다. 그러므로 현재 갈등과 문제가 있다면 그것은 어느 정도 내가 한 말의 부정적 기능의 결과일 수 있으며, 그와 유사한 말을 남에게 들어온 데 따른 연속적인 결과일 수 있다. 지나온 나의 인생 동안 누적된 말이 의식과 사고의 체계를 형성하는 데 영향을 주고, 형성된 의식과 사고의 체계는 인생을 살아가는 태도와 행동을 결정하는 주체가 된다. 그러므로 현재 나의 모습은 그러한 사고의 태도와 행동이 가져온 결과라 할 수 있다. 이렇게 의식과 가치를 결정짓는 요소인 말의 힘은 미래를 결정짓는 영향력을 가지고 있다. 즉, 우리가 당면한 갈등과 문제를 해결할 수 있는 건강한 말과 의지를 주는 글을 접한다면, 의식과 사고에 긍정적인 변화를 주어 건강한 삶으로 회복할 가능성이 있다.

책은 이러한 말의 힘이 시각화된 글로 기록되어 있다. 그래서 말의 힘과 동일하게 사람의 현실을 변화시키는 힘이 글을 접하는 사람에게도 발휘된다. 이것이 바로 독서치료의 원동력이다.

이제까지 우리는 말의 기능을 여덟 가지로 나누어 알아보았다. 그리고 말은 순기능으로든 역기능으로든 그 말을 듣는 사람과 일정한 상호반응을 일으킨다는 것도 살펴보았다. 그리고 그러한 말을 문자화한 것이 글이며, 글을 기록해 축적한 것이 책이기 때문에 책의 힘은 곧 말의 힘이라는 결론을 도출할 수 있다. 결국 독서치료 원동력의 근원은 곧 말의 힘이며, 독서치료의 힘은 글의 힘이라는 명제를 세울 수 있다.

# 4

## 스토리와 독서치료

### ① 책의 종류와 독서치료

진흙 서판과 상형문자(기호)로 점화된 기록에 대한 인류의 열망으로 인쇄술이 출현했고, 이는 기계화를 가져왔다. 인쇄술의 기계화는 대량생산을 가능하게 했으며, 이 시기부터 방대한 양과 다양한 종류의 책이 쏟아져 나왔다. 그러면서 다양하고 방대한 책을 분류할 필요성이 대두되었다. 책 분류는 고대 메소포타미아를 중심으로 시작되었다. 당시의 도서 분류는 다음과 같이 아주 실용적이었다.

① 땅에서 볼 수 있는 것과 관련한 책
② 신전(서당)에서 볼 수 있는 책
③ 진흙 판에 기록된 책
④ 나무에 기록된 책

현대 분류법과 비교해보면 무척 단순하다. 하지만 인류의 기록에 대한 열망의 상징인 책을 분류하기 시작했다는 의미에서 이는 당대에 아주 획기적인 분류법이었다. 이렇게 시작된 도서 분류의 역사는 중세에 이르러 보다 정교하고 세분되었다. 중세에는 우선 모든 책을 철학, 실용학, 신학으로 나누었고, 세 가지 학문 체계로 구분한 대분류 아래 또다시 하위분류에 따라 각각 나누었다. 철학 분야도 그 하위로 수사학, 문헌학, 논리학, 기하학, 음악 등으로 세분해 분류했다.

오늘날 세계적으로 가장 많이 통용되는 '듀이 십진분류법Dewey Decimal Classification'의 정교한 분류법은 중세의 도서 분류법에 근원을 두고 진화되었다고 해도 지나친 말은 아니다. 그러나 이렇게 학문적 기준으로 분류한 도서 분류법도 있지만, 일반적으로 도서를 구성 구조에 따른 기준으로 나누어보면 크게 두 종류가 있다.

① 문학적 구조를 띠는 책
② 비문학적 구조를 띠는 책

보편적으로 독서치료에는 문학적 구조를 띠는 책, 즉 문학작품을 대상으로 해온 것이 사실이다. 그러나 문학적 구조를 띠는 책만 독서치료의 자료가 되는 것은 아니다. 문학적 구조를 띠는 책 가운데 소설이나 시 등이 독서치료의 대표적인 중요 자료인 것은 분명하지만, 비문학적 구조를 띠는 책, 예를 들면 지침서나 매뉴얼 등도 역시 독서치료에 유용한 자료가 될 수 있다. 즉 문학작품이나 비문학작품을 포함한 모든 책은 독서치료에 좋은 자료가 된다. 특별히 비문학적 구조를 띠는 비문학 도서는 대체로 내용상 설명이 되어 있어 해석을 부가하지 않더라도 독자는 그 내용을 쉽게 이해하고 적용할 수 있다. 그러므로 문제에 실제적인 가이드 역할을 하는 독서치료에 유용한 자료라고 할 수 있다.

그러나 본서에서는 문학적 구조를 띠는 책, 즉 문학작품과 독서치료의 상관관계를 중점적으로 살펴보기로 한다. 독서치료에서 문학작품은 스토리를 포함해 독자로 하여금 감정적 카타르시스를 거치면서 통찰에 이르게 하는 가장 효과적인 치료와 예방 특성이 있기 때문이다. 문학작품 중에서도 특별히 스토리가 구성력 있는 소설을 중심으로 논지를 펴나가고자 한다.

## ② 스토리와 독서치료

문학적 구조를 띠는 책을 흔히 픽션이라고 부른다. 글쓴이의 상상력이 주된 구성과 스토리를 이루기 때문이다. 대개 픽션은 작가의 상상력에 기반을 둔 경우가 많아 '허구'라고도 불린다. 그런데 이 허구적 픽션을 주도하는 장르는 소설이다. 그런 의미에서 소설에 나오는 말은 서로 연결되어 상호관계를 맺으며, 유기적으로 결합되어 있다. 그래서 소설에 나오는 이런 말, 즉 연결되어 있고, 상호 관계되어 있고, 하나의 조합을 이루는 말을 '스토리story'라고 부른다.

작가의 상상력으로 창조한 이러한 스토리는 독자에게 반드시 일정한 영향력을 행사한다. 그러면 어떻게 스토리가 독자에게 영향력을 행사하는가? 그 해답은 "손바닥도 부딪쳐야 소리가 난다"는 옛말에 있다. 책에만 스토리가 있는 것이 아니라, 그 스토리를 읽는 독자의 인생도 한 편의 스토리이기 때문에 서로 상호 반응이 일어나는 것이다.

실제로 픽션적 입장에서 본다면, 우리 모두는 지금 각자의 스토리를 만들어가고 있다. 나는 나의 인생 스토리를 만들어나가는 중이고, 우리 가족은 가족의 스토리를 만들어나가는 중이며, 우리 민족은 민족의 스토리를 만들어나가는 중이다.

내 스토리와 소설의 스토리가 다른 점은 인생 스토리는 내가 직접 경험한 것이고, 소설 속 스토리는 간접경험이라는 것이다. 그래서 내가 쓰고 있는 인생 스토리와 소설에 있는 스토리가 만나면서, 즉 나의 직접경험과 소설 속 간접경험이 만나면서 상호 반응이 일어난다.

더 확대해서 말하면, 우리 가족의 직접경험에 의한 스토리와 가족이 읽는 간접경험의 허구적인 스토리가 만나면서 가족적인 상호 반응이 일어나고, 우리 민족의 직접경험과 민족이 읽는 간접경험의 스토리가 만나면서 민족적 상호 반응이 나타나는 것이다. 이것이 바로 독서치료의 본령이다. 물론 책의 스토리는 허구화된 스토리인 데 비해, 나의 스토리는 실제 스토리이다. 책의 스토리는 문자화된 스토리이지만, 나의 스토리는 현실의 스토리이다. 책 속 스토리는 만들어진 남의 스토리이지만, 나의 스토리는 내 인생의 실제 스토리이다. 특별히 나의 인생 스토리에 당면한 문제와의 상호작용을 염두에 두고 그와 유사한 구조를 띠는 허구의 스토리를 읽어나간다면, 그 허구의 스토리가 나의 인생 스토리에 현실적인 영향을 끼칠 수밖에 없다. 이것이 바로 독서치료의 시작이다.

독서치료에서 가장 보편적으로 소설을 채택하는 것도 바로 이 때문이다. 소설은 등장인물, 상황, 사건, 은유 등이 서로 연관을 맺고 그 의미와 정보를 담아 독자의 사고와 감정에 직접적인 영향을 준다. 독서를 할 때 실생활에서 동일한 상황을 만나는 것 같은 생생한 느낌이 전달되는 것이다. 이러한 독서치료의 기능을 염두에 두어서인지 몰라도 역사 이래 소설을 소리 내어 읽는 방식을 더 선호한 것은 결코 우연이 아니다. 소설을 큰 소리로 읽던 방식에서 탈피해 눈으로만 읽는 방식을 채택한 것은 10~11세기에 이르러서이다.

소리 내어 소설을 읽는 것과 정신 차리고 눈으로만 소설을 읽는 것을 비교하면 어느 방법이 더 효과가 있었는지는 불분명하다. 여기서 강조하고 싶은 중요한 점은 소리 내어 책을 읽든 눈으로만 읽든, 소설은 그것을 읽는 독자에게 다음과 같은 두 가지 단계를 제공한 것으로 보인다는 점이다.

① 거리감distance
② 유대감involvement

첫째, 거리감을 살펴보자. 소설을 읽는 독자가 그 소설에서 자신과 유사한 인물, 배경, 사건, 문제를 발견하는 것은 그리 어려운 과정이 아니다. 소설이 작가의 상상력으로 창조된 것이라 하더라도, 소설이 소재로 삼는 대상은 실제 우리 생활이기 때문이다.

현실 생활에서 일어난 문제에 대해 우리는 자신을 도피시키거나 숨기거나 할 공간이 없다. 우리는 때때로 당면한 문제를 직면하기가 너무 고통스러워 일시적으로 도피의 방편을 택하기도 한다. 그러나 문제를 보다 건강하게 해결할 방법은 오로지 문제를 직시하고 적극적으로 부딪치는 것이다. 물론 상처가 심한 마음으로 그러한 용기를 자발적으로 내는 것은 쉬운 일이 아니다. 그러나 소설 속에 전개되는 나 자신과 유사한 인물과 사건에 대해 어느 정도 거리감을 두면서 소설 속에서 나 자신을 관찰하는 위치에 설 수 있게 된다. 이것이 바로 소설이 독자들에게 치료적 효과를 제공하는 거리감이라는 특성이다.

당면한 문제에 대해 내가 당사자라는 것과 관찰자 입장에 선다는 것은 인식과 판단에서 많은 차이가 있다. 소설 속 자신과 유사한 인물과 사건, 상황은 나 자신을 노출하지 않고도 나 자신과 상황을 관찰하도록 해준다. 더 나아가 나 자신을 노출하지 않으면서, 소설 속 남의 이야기를 통해 나를 보다 더 깊이 파악하고 이해할 수 있는 자기 이해와 자기 표현의 길을 열어준다. 다시 말하면, 나를 객관적인 창을 통해 볼 수 있다는 뜻이다. 나의 삶에서 직접 경험한 것을 소설 속 다른 사람의 경험을 통해 간접적으로 보고 재인식하며, 책 속에 있는 나와 유사한 인물을 독자라는 제삼자적인 관찰자 입장에서 비교적 안전하게 관찰하는 것이다.

이렇게 소설이 주는 거리감은 소설이 자신을 보다 잘 이해하게 도와주고, 미처 깨닫지 못한 자아를 발견하고 판단할 수 있도록 해주며, 아울러 자신에게 닥친 상황과 문제를 소설 속 다른 사람의 시각으로 바라보게 하며 문제 해결 방법을 간접적으로 제시한다. 이러한 원리와 상호 반응이 치료와 예방 효과를 증대하는 소설의 강력한 특성이다.

둘째, 유대감을 살펴보자. 자신의 문제를 소설 속 타인을 통해 관찰할 수 있다는 것은 동시에 독자로 하여금 책 속 인물, 사건, 문제에 몰입해 그 인물, 사건, 문제에 대해 친밀감 혹은 유대감을 갖도록 한다. 즉 내가 당면한 문제가 나만의 문제가 아니라, 다른 사람들도 비슷한 문제에 당면해 있다는 사실을 발견하는 것은 독자로 하여금 책 속 인물, 상황, 문제 등에 유대감을 갖게 한다. 이러한 유대감은 책 내용에 깊이 몰입하게 해주며, 스토리가 전개되어갈수록 자신의 감정과 느낌이 더욱 깊이 이입하는 감정적 일치감을 형성하게 한다. 이 같은 감정과 사고의 밀접한 유대감은 독자의 스트레스와 상처 난 감정의 이완에 결정적인 도움을 주며 암묵적으로 독서치료가 실행되도록 해준다. 이 거리감과 유대감이 바로 고대에 책 읽어주기에 따른 독서치료가 밟은 두 가지 단계로 보인다.

지금까지 스토리가 있는 소설의 치유력을 살펴보았다. 이러한 치료적 목적 외에 소설은 물론 단순히 책 읽는 즐거움을 위해 읽을 수 있다. 즉 심미적인 목적으로 문학을 접하는 것이다. 책을 읽으면서 느끼는 즐거움과 행복감, 성취감 등이 당면한 문제로 갈등하고 고뇌하는 나에게 새로운 활력소를 제공한다. 이런 면에서 단순한 독서의 즐거움을 위한 심미적인 독서 역시 상처 입은 마음을 위로하고 치유하는 독서치료의 기능을 발휘한다고 할 수 있다.

2부

—

# 5차원
# 독서치료

# 1

# 5차원 독서치료의 이론

앞에서 인생 스토리에 생긴 문제와 당면한 역작용을 염두에 두고, 그와 유사한 구조를 띠는 허구의 스토리를 읽어나간다면, 그 스토리와 인생의 스토리가 만나면서 상호작용이 일어나는 것이 독서치료의 시작이라는 것을 살펴보았다.

문제는 인생 스토리의 경우 그 스토리에 관계되는 영역이 결코 단면적이지 않고 전면적이라는 사실이다. 쉽게 말하면 인생 스토리는 마음의 문제에만 국한한 것도 아니며, 건강 문제만이 전부도 아니며, 돈이나 시간과 관련한 문제만이 핵심이 아니라는 것이다. 즉 인생 스토리는 어느 한 단면에서만 일어나는 현상이 아니라, 우리를 구성하는 다섯 가지 영역, 즉 심력·지력·체력·자기관리 능력·인간관계 능력 등에 관계되어 유기적으로 서로 상응하며 전면적으로 일어나는 스토리이다. 이 지점에서 이른바 독서치료 상응성의 원리를 설명할 수 있다.

다시 말해 마음에 문제가 있는 사람에게 재정 문제를 다룬 책을 읽도록 할 수는 없는 것이다. 혹은 인간관계에 문제가 있어 고민하고 갈등하는 사람에게 건강 관련 책을 읽어보라고 권할 수는 없다. 마찬가지로 극도로 과민한 자의식 때문에 문제가 있는 사람에게 민족 문제를 다룬 책을 읽도록 하거나, 삶의 목표 문제로 방황하는 사람에게 학습 능력을 강화하는 책을 권하는 것은 적절한 치료 처방이 될 수 없다.

이것이 독서치료가 지닌 '상응성의 원리'이다. 독서치료의 효과를 높이기 위해서는 반드시 스토리가 상응하는 책을 읽어야 한다. 예를 들어 인생을 허술하게 관리해왔다고 생각하는 사람에게는 인생 관리의 현실성과 상호성을 보여주는 책을 권해야 한다. 자신의 인생을 보다 반듯하게 관리하는 데 도움이 되는 책 속 스토리를 읽을 때 자신의 인생 관리 문제에 도움을 얻을 수 있다.

가족과의 관계를 바로 설정하지 못해 고민하고 괴로워하는 사람에게는 가족의 의미, 가족 사랑의 의미 같은 주제를 다룬 책이 도움이 된다. 이것이 바로 독서치료의 상응성이다.

이를 통해 독서치료의 영역은 인생 스토리를 구성하는 다섯 가지 영역과 상응하는 지력 · 심력 · 체력 · 자기관리 능력 · 인간관계 능력 등으로 세분됨을 알 수 있다. 이제부터 이러한 독서치료를 특별히 5차원 독서치료라 부르기로 한다. 그런데 이들 다섯 가지 영역인 지력 · 심력 · 체력 · 자기관리 능력 · 인간관계 능력을 자세히 살펴보면 이들 다섯 가지 영역이 서로 상호 관계를 맺고 있으면서도, 다시 다음과 같이 층위가 나뉘어 있음을 알 수 있다.

대내적인 영역: 지력 · 심력 · 체력

대외적인 영역: 자기관리 능력 · 인간관계 능력

지력 · 심력 · 체력 · 자기관리 능력 · 인간관계 능력 중 앞의 세 가지 영역, 즉 지력 · 심력 · 체력은 전적으로 인생 스토리 가운데에서도 대내적 범위에 속한다. 쉽게 말하면 나와 나의 관계에서 발생되는 스토리이다. 반면 뒤의 두 가지 영역, 즉 자기관리 능력과 인간관계 능력은 인생 스토리에서 대외적인 영역에 해당한다. 즉 나만 잘한다고 내 인생 스토리가 잘 만들어지는 것이 아니라, 다른 사람과의 상호 관계를 고려해야 비로소 인생 스토리를 그릴 수 있다는 의미이다.

이를 통해 우리 사회의 독서 풍토가 심미적 즐거움을 위한 책 읽기에만 머무르고, 사람을 치유하는 독서치료에는 진입하지 못했는지 알수 있다. 즉 우리 인생 스토리를 구성하는 다섯 가지 영역인 지력 · 심력 · 체력 · 자기관리 능력 · 인간관계 능력에 각각 적용되는 전면적인 책 읽기를 소홀히 한 채 지식과 정보를 습득하기 위해서, 혹은 지극히 단면적 접근만을 위한 도구로 인식되어왔기 때문이라고 할 수 있다. 이를 과학적으로 설명해주는 것이 최소량의 법칙이다.

여러 개의 나뭇조각으로 만든 물통이 있다고 하자. 이 물통을 이루는 나뭇조각이 완전하다면 물통에 물을 가득 담을 수 있다. 그러나 물통의 한 부분이라도 부러지면 아무리 물을 많이 부어도 물은 부러진 나뭇조각의 높이까지만 채워진다. 다시 말해 물은 물통을 이루는 나뭇조각의 최소 높이까지만 채워지는 것이다. 이것이 최소량의 법칙이다.

앞에서 언급한 바와 같이 인생의 영역은 지력 · 심력 · 체력 · 자기관리 능력 · 인간관계 능력 등 다섯 가지를 모두 포함하기 때문에 독서치

최소량의 법칙

료에도 바로 이 최소량의 원리를 적용할 수 있다. 그러므로 인생 스토리에 상응하는 책 읽기를 하기 위해서는 책 읽기를 단순히 지식 배양 도구로만 인식할 것이 아니라, 지력·심력·체력·자기관리 능력·인간관계 능력 등 다섯 가지 영역이 다 골고루 관련된 전면적인 것으로 인식해야 한다. 인생 스토리에 상응하는 책 읽기를 5차원 독서치료라고 명명한 이유가 바로 여기에 있다.

이렇게 놓고 볼 때 인생 스토리는 이들 다섯 가지 영역과 관련되어 발생한 스토리일 수밖에 없다. 그러므로 독서치료가 필요한 영역은 지력·심력·체력·자기관리 능력·인간관계 능력 등 다섯 가지 영역 중 어느 한 영역에 생긴 문제일 수도 있고, 또는 두 가지 영역, 혹은 다섯 가지 영역 모두에서 생긴 문제일 수 있다.

우리가 작성해나가는 인생 스토리의 문제란 실은 지력·심력·체력·자기관리 능력·인간관계 능력 등 다섯 영역의 하위 영역에서 생긴 문제라고 할 수 있다. 예를 들어 자기관리 능력에 문제가 생겼다는 말은 자기관리 능력에 총체적인 문제가 생겼다는 뜻이기도 하지만, 자기관리 능력의 하위 영역인 재정 관리, 언어 관리, 태도 관리, 직업 관리 등에 문제가 생겼다는 뜻이기도 하다.

자기관리 능력의 경우뿐 아니라, 지력·심력·체력·인간관계 능력의 경우도 마찬가지이다. 인생 스토리 중 한 영역인 심력에 문제가 생겼다는 말은 심력 전체에 문제가 생겼다는 뜻이기도 하지만, 심력의 하위 영역인 삶의 목표, 반응력, 정서력, 타인 중심 삶 등에 문제가 생겼다는 뜻이기도 하다.

그렇다면 5차원 독서치료의 다섯 가지 영역 및 그 하위 영역은 다음과 같이 분류할 수 있다.

**첫째, 심력에 생긴 문제와 역기능을 치유하는 책 읽기**

① 삶의 목표에 생긴 문제와 역기능을 치유하는 책 읽기

② 반응력에 생긴 문제와 역기능을 치유하는 책 읽기

③ 정서력에 생긴 문제와 역기능을 치유하는 책 읽기

④ 타인 중심 삶에 생긴 문제와 역기능을 치유하는 책 읽기

⑤ 지식의 내면화 과정에 생긴 문제와 역기능을 치유하는 책 읽기

**둘째, 지력에 생긴 문제와 역기능을 치유하는 책 읽기**

① 정보의 양에 생긴 문제와 역기능을 치유하는 책 읽기

② 정보의 질에 생긴 문제와 역기능을 치유하는 책 읽기

③ 언어 습득(영어)에 생긴 문제와 역기능을 치유하는 책 읽기

④ 통시적 학습에 생긴 문제와 역기능을 치유하는 책 읽기

⑤ 독서법에 생긴 문제와 역기능을 치유하는 책 읽기

**셋째, 체력에 생긴 문제와 역기능을 치유하는 책 읽기**

① 건강 증진과 체력 관리에 관련한 책 읽기

② 특정 질병과 역기능을 치유하는 책 읽기

③ 특정 신체 영역에 생긴 문제와 역기능을 치유하는 책 읽기

④ 재활과 회복 관련한 책 읽기

⑤ 노인성 질병과 관련한 책 읽기


**넷째, 자기관리 능력에 생긴 문제와 역기능을 치유하는 책 읽기**

① 시간 관리에 생긴 문제와 역기능을 치유하는 책 읽기

② 재정 관리에 생긴 문제와 역기능을 치유하는 책 읽기

③ 언어 관리에 생긴 문제와 역기능을 치유하는 책 읽기

④ 태도 관리에 생긴 문제와 역기능을 치유하는 책 읽기

⑤ 직업 관리에 생긴 문제와 역기능을 치유하는 책 읽기


**다섯째, 인간관계 능력에 생긴 문제와 역기능을 치유하는 책 읽기**

① 자의식에 생긴 문제와 역기능을 치유하는 책 읽기

② 가족 간에 생긴 문제와 역기능을 치유하는 책 읽기

③ 친구(동료) 간에 생긴 문제와 역기능을 치유하는 책 읽기

④ 민족에 대한 인식에 생긴 문제와 역기능을 치유하는 책 읽기

⑤ 인류와 관련한 문제와 역기능을 치유하는 책 읽기


위에서 확인할 수 있는 것처럼 5차원 독서치료는 다섯 가지 영역과 모두 관련되어 있다. 인생 스토리 자체가 지력·심력·체력·자기관리

능력·인간관계 능력 등 다섯 가지 영역에서 일어나는 스토리이기 때문이다. 이제 이를 기반으로 다음 장부터 독서치료가 진행되는 실제적인 원리와 과정을 살펴보겠다.

# 2

# 독서치료의 원리와 과정

자신의 인생 스토리와 유사한 스토리를 읽으면서 그 책 속 스토리에 들어가 마음을 졸인 적이 있는가? 나의 인생 스토리에 생긴 고민과 갈등을 그대로 적어놓은 듯한 소설을 읽으면서 스토리 전개 과정에 식은 땀이 나고 한숨이 나며 순간적인 격정에 휩싸여본 적이 있는가? 나의 인생 스토리의 여정과 유사한 스토리를 시 속에서 발견하고 거기서 해방감을 경험해본 적이 있는가?

이것이 바로 독서치료의 시작점이다. 우리는 허구의 스토리인 소설 속 인물에게서 나와 같은 모습을 대면하면서 자기 인지의 충격을 받는다. 작가의 상상력으로 재구성한 픽션을 읽으면서 그 소설 속에서 내가 당면한 것과 유사한 문제와 아픔과 갈등을 맞닥뜨린 인물과 조우하고, 충격을 받은 적이 있는가?

독서치료는 바로 이 충격에서 시작된다. 그리고 이 충격은 다시 '아이코이아ICOIA' 과정을 거친다. ICOIA란 다음과 같은 과정의 약칭이다.

1단계: 동일화Identification

2단계: 카타르시스Catharsis

3단계: 표출Output

4단계: 통찰 Insight

5단계: 적용Application


독서치료의 첫 단계인 '동일화'는 책을 읽으면서 책 속 등장인물과 자신을 동일하게 느끼는 과정이다. 등장인물의 성격, 환경, 사건, 느낌, 감정, 사고 등을 자기 자신의 모습에서 찾아내는 동시에 자신의 성격, 환경, 사건, 느낌, 감정, 사고 등을 등장인물 가운데서 찾아내는 것이다. 이러한 상호 과정은 독자가 책을 읽으면서 등장인물에게 느끼는 '감정의 전이'를 이끌어내는 원리이다. 감정의 전이는 책 내용이 전개되면서 더욱 깊어지고, 독서참여자는 등장인물과 같은 감정을 계속 심화하고 증대한다.

두 번째 단계인 '카타르시스'는 감정 정화라고 하며, 독서참여자의 내면에 쌓인 욕구불만이나 심리적 갈등을 언어나 행동으로 표출해 감정을 발산하는 과정을 말한다. 카타르시스는 독서치료 과정에서 핵심이 되는 중요한 부분이다.

많은 경우 사람들에게는 각자 가슴속 깊숙이 묻어둔 억압된 기억이 있다. 과거에 겪은 경험이 고통스러운 기억으로 남아 있기 때문에 다시 그 상처를 되뇌고 싶지 않은 것이다. 그러나 그 상처들을 적절히 치유하지 않는다면 그 기억들은 훗날 불쑥불쑥 나타나 괴로움을 재생하고 가중하기도 한다.

예를 들면 어린 시절 학교 선생님에게 부당한 대우를 받고 반 아이들 앞에서 모욕적인 언사를 들은 사람이 있었다. 그 때문에 학교에 가기 싫어하고 학업 성적도 형편없이 떨어져 심한 열등감과 좌절감으로 학창 시절을 보냈다. 그녀는 장성해서 가정을 이루고 자녀를 키우게 되었는데, 때때로 자기 자녀가 학교에서 선생님에게 학대를 받지 않을까 하는 근거 없는 불안함과 염려에 사로잡히곤 했다. 이러한 심리적 압박감은 사소한 일에도 크게 분노하고 두려워하는 과민성 노이로제로 나타났다.

　이러한 경우 만약 어린 시절 학교에서 모욕을 당했다는 사실을 따뜻하고 안정된 가정에서 부모에게 이야기하고 아픔을 발산해 상처를 치유했다면, 그 아픔은 오히려 인생의 어려움을 극복하는 힘이 되었을 것이다. 그러나 그러한 아픈 기억이 치유되지 못하고 내면에 고여 있는 경우에는 그 상처가 마음속에서 소멸되는 것이 아니라 수치심, 무가치함, 열등감, 분노 등으로 진화되어 자신을 괴롭힌다. 과거의 경험은 변하지 않는다. 그러나 아픈 기억을 노출해 직시하며 그 과거의 경험에 존재하는 감정적 고통과 상처를 치유한다면, 아픔의 경험이 주는 의미와 해석은 달라질 것이다.

　카타르시스는 자신의 어려움과 고통을 책의 등장인물이 겪는 아픔을 통해 감정적으로 발산하며 치유하는 과정이다. 카타르시스를 느끼면 그 경험을 아픔의 시각으로 보는 것이 아니라 보다 중성적이며 객관적인 시각으로 다시 조망할 수 있게 된다. 이것이 카타르시스의 원리이며 독서치료의 핵심 과정이다.

　세 번째 '표출'이란 카타르시스 과정에서 발산한 감정을 글쓰기를 통해 보다 내면에 재구조화하는 과정이다. 5차원 독서치료법에서 이 글쓰기 과정은 읽은 내용을 정리하는 단계, 읽은 내용을 질문하는 단계, 읽은 내용을 독서참여자 자신의 말로 재구성하는 단계로 나누어 정리한다. 책을 읽고 느낀 점을 객관적 관점으로 적어보고, 그다음 보다 심층적인 접근을 위해 구체적인 질문을 하면서 답변해보고, 끝으로는 자신의 감정과 느낌에 의한 말로 자신의 스토리를 만들어보는 것이다. 그렇게 함으로써 책을 읽고 난 후에 느낀 정서적 감흥을 고취하며, 내용에 대한 깊은 이해를 도모할 수 있다.

네 번째 단계인 '통찰'은 책을 읽음으로써 자기 자신이나 문제에 대해 올바른 객관적인 인식을 체득하는 것으로, 카타르시스와 표출 과정을 지나면서 도달하는 과정이다. 책 속 인물이 지나온 상황과 문제를 자신의 것과 동일하게 느끼는 과정에서 통찰이 생기는 경우도 있다. 그러나 책을 읽으면서 아픈 감정을 발산하고, 책 내용 중 문제를 해결하는 데 필요한 긍정적 접근 방법을 발견하면서, 보다 긍정적이며 건설적인 해결 방법을 모색할 수 있다. 즉 통찰은 자기 자신과 문제를 객관적 시각으로 재인식하며, 건설적 문제 해결 방법을 찾아내는 독서치료의 결실이다.

마지막은 '적용' 단계이다. 통찰을 통해 체득한 건강한 자기 이해와 자기 고백을 행동의 변화로 이어지도록 하기 위해 실제적으로 생활에 적용하는 과정이다. 변화의 과정은 다음의 세 단계를 거친다.

먼저 마음의 변화이다. 지금까지 가지고 있던 아픔이 보다 담담한 중성적으로 변화하는 것이다. 이러한 변화는 태도 변화로 이어진다. 현재 닥친 어려움을 대하는 태도에서 문제 해결을 위한 보다 적극적인 자세로 변하는 과정이다. 도피나 수동적 태도가 아닌 보다 적극적이며 긍정적인 태도와 자세로 문제를 마주하는 것이다. 그다음은 행동의 변화이다. 문제 해결에 대한 적극적이며 긍정적인 태도는 결국 행동으로 나타난다. 삶의 모습이 조금씩 바뀌어가며, 그렇게 변화되는 모습 속에서 스스로 자신감을 회복해 건강한 삶을 회복하는 과정이다.

앞에서 설명한 바와 같이 독서치료는 효과를 발휘하기 위해 거치는 필연적 과정이 있으며, 그 과정에는 감정과 태도, 행동을 변화시키는 원리가 존재한다. 이러한 원리와 과정을 거치면서 독서치료는 진행되고 완성된다.

# 3

# 5차원 독서치료를 위한
# 독서 능력 향상 방안

## ① 독서 능력을 향상해야 하는 이유

적정한 독서치료 효과를 얻기 위해 일단 독서를 해야 한다는 것은 상식이다. 문제는 독서치료 효과를 극대화하기 위해서는 독서 능력을 향상해야 한다는 것이다. 책 읽기와 관련해 그동안은 독서를 권장하는 캠페인 정도가 대부분이었다. 실제로 어떻게 해야 책을 잘 읽을 수 있는지, 독서 능력을 향상하는 구체적인 방안을 제시하는 경우는 거의 없었다고 할 수 있다.

그러나 책 읽기에서 '책을 많이 읽어라' 하는 명제만 있고, 책을 잘 읽을 수 있는 방법에 대한 제시가 없다면, 그것은 효력 없는 허무한 외침에 불과하다. 독서가 중요하다는 사실을 아무리 깨닫는다 하더라도 별 소용이 없다. 실제 책을 읽고 책을 통해 문제를 해결하고 삶이 변화되어야 한다. 그러므로 책을 잘 읽으라는 명제를 선포하는 것으로 끝나는 것이 아닌, 실제적이고 구체적인 책 읽기 능력을 향상시키는 방안을 제시해야 한다. 5차원 독서치료에서는 독서 능력을 향상하는 방안으로 다음의 두 가지를 제시한다.

① 속해 독서법
② 3분 묵상법

속해 독서법은 책을 빠르게 읽을 수 있도록 하는 동시에 정확하게 이해할 수 있도록 훈련시키는 방법이다. 3분 묵상법은 읽고 이해하는 것으로 독서를 끝내는 게 아니라, 읽은 것을 생각 속에 심화하고 체계화하기 위해 내면에 의미를 되새기는 과정이다.

## ❷ 속해 독서법

책 읽기에는 두 가지 방법이 있다. 첫째 인물과 사건에 초점을 맞추어 읽기, 둘째 문법과 단어의 의미에 초점을 맞추어 읽기이다.

첫째 방법은 감성과 마음으로 책을 읽는 것이고, 둘째 방법은 이성과 논리로 책을 읽는 것이다. 그러나 첫째 방법이든 둘째 방법이든, 독서량을 늘리는 것은 좋은 독서치료의 효과를 거두기 위한 기반이 된다. 삶에 문제가 생겼을 때 그 문제와 관련한 책을 한 권 정도 읽는 것과 여러 책을 읽는 것은 많은 차이가 있을 것이다. 아무래도 독서량에 따라 배움의 양이 많아지고, 그에 따라 문제를 보는 사고의 수준과 폭이 달라지기 때문이다.

　인지교육학계 통계에 의하면, 인간의 평균 독서 속도는 한국인의 경우로 환산하면 1분당 약 1,000~1,500자 정도인 것으로 알려져 있다. 그러나 실제 임상적 통계 조사는 보다 더 낮은 수치를 보여준다. 국제교육문화교류기구가 자체적으로 행한 조사에 의하면, 한국인의 평균 독서 속도는 1분당 600자 내외에 그치는 것으로 나타났다. 그러나 이 정도는 평균이고, 더 심한 경우는 1분당 불과 200~300자 수준에 머무르는 사람도 적지 않다.

　따라서 독서치료 효과를 증대하기 위해서는 독서량을 증가해야 하는데, 결국 1분당 약 1,000~1,500자 정도는 읽는 능력을 회복하는 것이 독서치료 효과를 거두기 위해 바람직한 요건이라고 할 수 있다. 1분당 1,000~1,500자 정도를 읽는 능력을 회복하는 책 읽기가 독서치료 효과를 높이는 이유는, 이해력이 책 읽는 속도와 관련 있기 때문이다.

　우리는 보통 책을 천천히 읽어야 이해도 더 잘된다고 생각하는 경우가 많다. 그러나 이는 편견에 불과하다. 실제로 책을 천천히 읽는다고 해서 책 내용을 더 잘 이해하는 것이 아니라는 사실은 인지언어학 분야에서 공통적으로 증명된 이론이다. 우리가 책을 읽을 때 그 책의 내용을 글자 단위 spelling group로 이해하는 것이 아니라, 의미 단위 sense group로 이해하기 때문이다.

　글자 단위로 내용을 이해하는 것이 아니라, 의미 단위로 이해하기 때문에 글자를 아무리 천천히 음미하면서 읽는다고 해도 그것은 단지 글자 단위로 읽는 것이어서, 글 내용을 이해하는 이해력과는 그다지 관계가 없다. 논점은 우리는 의미 단위로 내용을 이해한다는 점이다. 의미 단위란 한 번에 인지하고 인식하고 이해할 수 있는 묶음을 말한다. 따라서 선정한 책을 보다 더 잘 이해하기 위해서는 책을 글자 단위로 읽을 것이 아니라, 의미 단위로 읽어야 한다는 결론에 도달한다. 즉 의미 단위로 글을 끊어가면서 빠른 속도로 읽어나가야 책의 내용을 파악하는 이해력도 비례해서 높아진다.

필자가 창안한 5차원 속해 독서법은 누구나 7~8주간 훈련하면 책 읽는 속도를 평균 두 배 이상 향상하는 독서법으로, 여러 학습 현장과 독서 학교에서 적용하고 있다. 이제 독서치료를 위한 5차원 속해 독서법에서 훈련 방법을 알아볼 텐데, 5차원 속해 독서법은 안구 훈련법과 의미 그룹 확장법의 두 가지 훈련으로 구성되어 있다.

## 안구 훈련법

책을 읽는 동작을 자세히 관찰해보면 눈동자가 좌우로 빠르게 움직이는 동작이 끊임없이 되풀이되는 것을 알 수 있다. 그런데 대개 안구를 움직이는 속도가 느릴 뿐 아니라, 고개를 움직이면서 책을 읽는 사람도 있다. 이런 독서 습관은 글 읽는 속도를 늦춘다.

글 읽는 속도는 눈이 움직이는 속도로 결정된다. 즉 글 읽는 속도가 안구의 움직임 속도와 비례한다. 안구를 빨리 움직이면 독서 속도도 빨라진다. 바로 이 때문에 속해 훈련의 일차적 목표는 안구를 움직이는 근육을 운동시키는 것이다. 안구를 움직이는 근육을 발달시킴으로써 안구를 빠르게 움직이게 하는 것이다.

다음에 '안구 훈련표'를 소개한다. 안구 훈련표는 일종의 '가상 책'이다. 책을 읽는 것도 일종의 안구 운동이지만, 내용을 이해하면서 읽으려면 안구를 제대로 강화할 수 없기 때문에 내용은 전혀 없고 형태만 있는 가상 책을 가지고 눈만 빨리 움직이는 연습을 한다. 안구 훈련표를 이용해 동그라미를 처음부터 끝까지 책 읽듯이 쭉쭉 따라 읽어가면서 1분 동안 몇 회 반복해서 읽는지 측정한다.

이 훈련의 목적은 안구를 운동시켜 근육을 강화하는 것이기 때문에 지나치게 욕심을 부려서는 안 된다. 빨리 훑어가면서 동그라미를 읽되, 정확하게 하며, 너무 빨리하는 데만 초점을 맞추면 훈련자의 몸이 지친다. 다소 느리더라도 한 줄 한 줄 정확하게 훑어 내려가야 한다.

이런 안구 훈련을 매일 꾸준히 계속하면 빠른 시간 내에 독서 능력을 증진할 수 있다. 이렇게 지속적으로 해나가면 대부분의 훈련자가 1분에 10회 이상을 읽을 수 있게 된다. 그러면 독서 속도는 1분당 1,200자 정도 확보할 수 있다.

안구의 근육이 강화되어 안구를 부드럽게 움직이게 되면, 책을 읽을 때 내리막길을 달리는 듯 산뜻한 기분을 느낄 수 있다. 안구를 훈련하지 않을 때는 오르막길을 달릴 때 힘들어하는 모습처럼 책을 읽는 것 자체가 피곤하고 힘들지만, 안구가 부드러워지면 책 읽는 동작이 쉽고 재미있어진다. 따라서 독서 속도가 자연스럽게 빨라진다.

다음의 안구 훈련표로 1개월 이상 지속적으로 3분씩 안구 훈련을 하면 대부분 처음 동그라미부터 마지막 줄 동그라미까지 1분에 10회 이상 읽을 수 있게 되고 독서 속도가 분당 1,000~1,500자 정도까지 향상된다.

이제 안구 훈련표로 훈련을 시작해 독서량을 늘리고 바람직한 독서 치료 효과를 거두어보자.

| 안구 훈련표 | | |
|---|---|---|
| 1차:        회/분 | 2차:        회/분 | 3차:        회/분 |

○ ○ ○ ○ ○ ○ ○ ○ ○ ○ ○ ○ ○ ○ ○
○ ○ ○ ○ ○ ○ ○ ○ ○ ○ ○ ○ ○ ○ ○
○ ○ ○ ○ ○ ○ ○ ○ ○ ○ ○ ○ ○ ○ ○
○ ○ ○ ○ ○ ○ ○ ○ ○ ○ ○ ○ ○ ○ ○
○ ○ ○ ○ ○ ○ ○ ○ ○ ○ ○ ○ ○ ○ ○
○ ○ ○ ○ ○ ○ ○ ○ ○ ○ ○ ○ ○ ○ ○
○ ○ ○ ○ ○ ○ ○ ○ ○ ○ ○ ○ ○ ○ ○
○ ○ ○ ○ ○ ○ ○ ○ ○ ○ ○ ○ ○ ○ ○
○ ○ ○ ○ ○ ○ ○ ○ ○ ○ ○ ○ ○ ○ ○
○ ○ ○ ○ ○ ○ ○ ○ ○ ○ ○ ○ ○ ○ ○
○ ○ ○ ○ ○ ○ ○ ○ ○ ○ ○ ○ ○ ○ ○
○ ○ ○ ○ ○ ○ ○ ○ ○ ○ ○ ○ ○ ○ ○

## 의미 그룹 확장 훈련법

앞에서 5차원 속해 독서법 중 첫 번째 훈련인 안구 훈련법에 대해서 살펴보았다. 안구 훈련법 외에 독서치료를 위한 5차원 속해 독서법의 실행에 도움이 되는 방법은 '사선 치기 훈련'이다. 사선 치기의 원리는 글자 정보(지식)를 읽을 때 글자 단위로 읽는 경우는 없다는 점에 근거 한다. 우선 다음 글로 실험해보자.

인간은 살면서 여러 가지를 소유한다. 물질이나 명예, 권력, 지식, 건강 등 많은 것이 있지만 그것들을 모두 완벽하게 조절할 수 있는 것은 아니다. 하지만 목숨이 끊어질 때까지 자율적으로 통제할 수 있는 것이 바로 시간이다. 시간을 잘 조절해서 사용하면 삶의 효율을 높일 수 있다.

이 글을 읽을 때 '인 / 간 / 은 / 살 / 면 / 서 / 여 / 러 / 가 / 지 / 를 / 소 / 유 / ' 하는 식으로 한 글자씩 떼어서 읽는 사람은 없다. 적어도 '인간은 / 살면서 / 여러 가지를 / 소유한다 / ' 식의 단어 단위로 읽는다.

그러나 단어 단위도 어색하다. 그래서 이번에는 의미 단위로 읽어보자. 의미 단위란 한 번에 끊어 읽는 범위를 말한다. 언어인지학자들의 통계에 따르면 사람은 보통 3~4단어의 의미를 한 번에 인식하는 것으로 나타난다. 즉 독서 속도와 관련한 아무런 훈련도 되어 있지 않다 할지라도, 대부분의 경우 한 번 시선을 주면 3~4단어는 의미를 인식하면서 볼 수 있다.

바로 이 의미 단위, 한 번에 눈에 들어와 이해되는 범위를 사선을 치면서 읽으면 이해도가 훨씬 증가될 뿐 아니라, 독서 속도도 증진된다.

인간은 살면서 / 여러 가지를 소유한다. / 물질이나 명예, 권력, 지식, 건강 등 많은 것이 있지만 / 그것들을 모두 완벽하게 조절할 수 있는 것은 아니다. / 하지만 목숨이 끊어질 때까지 / 자율적으로 통제할 수 있는 것이 / 바로 시간이다. / 시간을 잘 조절해서 사용하면 / 삶의 효율을 높일 수 있다 /.

이런 방식으로 의미 단위 확장 훈련을 계속해보자. 이를 위해서는 좀 더 의도적으로 책을 읽어야 한다. 즉 연필을 들고, 의미 단위를 따라 사선을 쳐가면서 읽는 훈련을 해야 한다. 이런 식으로 의미 단위를 끊어가면서 사선을 치며 책 읽는 훈련을 계속하면, 한눈에 들어오는 범위가 점점 증가하면서 얼마 지나지 않아 한 번에 7~8단어 정도까지는 의미를 파악하면서 충분히 볼 수 있다. 바람직한 독서치료 효과를 거두는 데 발판이 되는 것은 말할 나위도 없다.

### ❸ 3분 묵상을 통한 독서 반응력 훈련

독서 능력을 향상하는 또 하나의 방안이 '3분 묵상법'을 통한 반응력 훈련이다. 3분 묵상을 통한 독서 반응력 훈련은 크게 다음과 같은 세 영역에서 소용된다.

첫째, 심력을 극대화하는 훈련
둘째, 5차원 독서치료 과정에 들어가기 위한 중간 단계로서 훈련
셋째, 5차원 독서치료 전반에 걸쳐 책 읽기 능력을 향상하는 훈련

여기서는 셋째 영역, 즉 독서 능력을 향상하는 훈련에 3분 묵상법을 통한 독서 반응력 훈련을 살펴보겠다. 오늘날 반응력의 약화는 눈에 띄는 보편적 현상이다. 반응력이 저하된 주원인 중 하나는 물질 만능적이며 감성적으로 지나치게 자극을 추구하는 문화라고 할 수 있다. 특히

자극적인 문화는 인간의 건강한 정서력과 반응력을 계속 저하해왔다.

그런데 자극적인 문화는 영화, 비디오, 사진 등의 영상물이 주도한다. 문제는 이들 영상물들의 영상 자체가 너무도 잔혹하다는 점이다. 자극은 더욱 자극적인 것을 추구하게 만드는 특성이 있다. 그러므로 잔혹한 영상물에 노출되다 보면 건강한 정서력과 반응력이 둔화되고 더욱 심한 자극에 대한 욕구가 일어난다. 이러한 악순환이 계속되어 온건한 인간성과 정서가 메말라가고 있는 것이다. 그러므로 건강한 정서력과 반응력을 회복할 수 있도록 하는 학습과 문화의 형성이 시급하다. 5차원 독서치료에서는 건강한 반응력을 고취하는 효과적인 훈련 방법으로 3분 묵상법을 제시한다.

먼저 반응력이란 무엇일까? 반응력이란 곧 책임감이다. 책임감이란 말의 영어 단어 'responsibility'는 response(반응)와 ability(능력)의 합성어이다. 즉 반응력은 책임감과 직접 관계가 있다는 의미이다. 바로 이 때문에 반응력이 없는 사람은 실제로 책임감도 약한 것을 볼 수 있다. 그러므로 자신에게 당면한 문제와 유사한 문제를 책에서 발견했는데도, 혹은 책 속에서 자신이 겪은 것과 유사한 슬픔이나 기쁨을 접했는데도 기뻐하지 못하고 슬픔을 토해내지 못한다면 반응력이 약화되었다고 진단할 수 있다.

3분 묵상법은 바로 이러한 반응력을 향상함으로써 궁극적으로 독서 능력 향상을 제고하는 데 도움이 되는 훈련이다. 이제부터 실제적인 3분 묵상법을 통한 독서 반응력 훈련을 살펴볼 텐데, 먼저 알아야 할 것은 3분 묵상법은 다음 세 가지를 목표로 한다는 점이다.

① 시나 짧은 글을 읽고, 그 글을 통해 생각과 상상력이 촉진되는 것
② 시나 짧은 글을 읽고, 그 글을 통해 아름다움과 추한 것에 대한 정서적 반응이 활발해지는 것과 아울러 주의력이 필요한 부분에 행동적인 반응을 보이는 것
③ 시나 짧은 글을 읽고, 그 글을 통해 그 속의 인물·사건·문제에 대한 분별 반응을 보이는 것

이 세 가지 목표를 염두에 두고, 구체적으로 3분 묵상을 통한 반응력 훈련을 해보려고 한다. 여기서 특별히 강조하고 싶은 것은 이 훈련을 지속적으로 해나가라는 것이다. 지속적으로 이 훈련을 해나가다 보면 저하된 반응력이 차츰 살아난다. 그러면서 독서 능력이 향상되고 독서 능력이 눈에 띄게 발전하면서 5차원 독서치료의 효과를 만끽할 수 있을 것이다.

즉 이 훈련을 지속적으로 해나가면 책 속에서 만나는 가슴 아픈 일이나 힘들고 고통스러운 일을 보고, 마음이 움직이며 안타까워하는 과정에서 가슴으로 수용하는 반응력이 살아난다. 그러한 반응력은 책임감을 형성하는 동인이 되며, 당면한 문제를 해결할 실마리를 적극적으로 찾고자 하는 태도의 변화를 가져온다. 즉 문제를 해결하는 데 동기를 부여해 독서치료 효과가 구현된다.

바로 이것이 3분 묵상법의 요체이다. 일례로 3분 묵상을 통한 반응력 훈련을 위한 시 한 편을 소개한다.

내가 그의 이름을 불러주기 전에는

그는 다만

하나의 몸짓에 지나지 않았다

내가 그의 이름을 불러주었을 때

그는 나에게 와서 꽃이 되었다

내가 그의 이름을 불러준 것처럼

나의 이 빛깔과 향기에 알맞은

누가 나의 이름을 불러다오

그에게로 가서 나도

그의 꽃이 되고 싶다

우리들은 모두

무엇이 되고 싶다

너는 나에게 나는 너에게

잊혀지지 않는 하나의 눈짓이 되고 싶다

_김춘수의 〈꽃〉 중에서

위의 시를 가지고 3분 묵상법을 위한 3단계를 상세히 살펴보자.

### 3분 묵상 훈련

1단계: 관찰하기

우선 시를 자세히 읽어보자. 반복해서 읽으면 더욱 좋다. 읽으면서 내 마음에 뭉클하게 다가온 부분이나 새롭게 감동을 주는 단어, 문장에 동그라미나 혹은 밑줄을 그어보자. 독서 반응력이 뛰어난 사람은 서너

군데 이상 표시할 것이다. 반면 반응력이 약한 사람은 아무리 좋은 시나 글을 읽어도 감동이나 자극으로 와 닿는 부분을 찾기가 쉽지 않을 수 있다. 그러나 인내를 갖고 시도해보자. 처음부터 잘되지는 않을 것이다. 그러나 꾸준히 훈련하면 읽어가는 도중 새롭게 느껴지는 부분이 늘어날 것이다.

### 2단계: 이유와 느낀 점 적기

이번 단계는 밑줄로 표시한 구절을 자신의 말로 옮겨 적어보는 단계이다. 1단계에서 표시한 구절을 대상으로 해서, 왜 그 구절에서 그런 느낌이 들었는지 간단하게 적어보는 단계이다. 마음에 와 닿은 구절에서 느낀 점을 독서참여자 자신의 말로 서술해보는 일은 중요하다. 자신의 말로 적어보는 것은 단순히 강렬한 느낌을 받는 것 이상으로 마음에 각인되기 때문이다.

일단 느낀 점을 적어보면 당면한 문제와 관련해 자기 자신을 훨씬 잘 이해할 수 있게 된다. 연속적으로 당면한 문제도 보다 더 잘 파악할 수 있게 된다. 3분 묵상에서 느낀 점을 반드시 적어보게 하는 이유가 바로 이 때문이다.

### 3단계: 적용하기

이번 단계는 묵상을 통해서 얻은 결심을 한두 가지라도 생활에 적용하는 단계이다. 적용하려고 생각한 것이 묵상한 시나 글과 관련 깊은 것이면 더욱 좋다 그리고 더 중요한 것은 행동으로 옮길 수 있는 구체적인 것이어야 한다는 사실이다. 예를 들면, 하루 이내에 즉각적으로 실천할 수 있는 내용이 있다면 보다 실천적인 효과를 확인해볼 수 있는 바람직한 적용이 될 것이다.

이 3분 묵상 훈련을 따라 매일 묵상을 연습해보라. 허약했던 독서 반응력이 배양되면서 독서 능력이 향상되고, 독서 능력이 획기적으로 발전되면서 독서치료 효과를 피부로 느낄 수 있을 것이다.

3분 묵상을 통한 반응력 훈련에 좋은 시를 소개한다.

- 김광섭: 〈성북동 비둘기〉
- 김동환: 〈산 넘어 남촌〉
- 김소월: 〈진달래꽃〉 〈산유화〉
  〈초혼〉
- 김수영: 〈눈〉
- 김 억: 〈오다가다〉
- 김영랑: 〈모란이 피기까지는〉
- 노천명: 〈사슴〉
- 변영로: 〈논개〉
- 서정주: 〈국화 옆에서〉
- 신동집: 〈목숨〉
- 신석정: 〈그 먼 나라를 아십니까〉
- 심 훈: 〈그날이 오면〉
- 이상화: 〈빼앗긴 들에도 봄은
  오는가〉
- 이은상: 〈가고파〉
- 이육사: 〈청포도〉 〈광야〉
- 유치환: 〈깃발〉 〈바위〉
  〈생명의 서〉
- 윤동주: 〈참회록〉 〈서시〉
  〈별 헤는 밤〉
- 조지훈: 〈승무〉
- 주요한: 〈빗소리〉
- 박목월: 〈나그네〉
- 박두진: 〈강〉
- 한용운: 〈님의 침묵〉
- 한하운: 〈보리피리〉
- 홍사용: 〈나는 왕이로소이다〉

# 4

# 5차원 독서치료와 글쓰기

5차원 독서치료의 원리와 과정에서 설명한 바와 같이, 독서치료에서 감정적인 발산을 불러오는 과정은 카타르시스이다. 카타르시스의 다음 단계인 표출 과정은 내면에 쌓인 아픔을 언어와 글로 표현함으로써 카타르시스 효과를 증대하는 역할을 한다. 표출이란 읽은 책 내용을 자신의 말로 써보는 것을 말한다. 책을 읽고 글을 써보는 것은 독서치료에서 매우 중요한 과정이다. 이제부터 글쓰기의 실제적 방법을 살펴보겠다. 독서치료에서 글쓰기의 목적은 다음과 같이 크게 두 가지로 나눌 수 있다.

첫째, 지력을 배양하는 글쓰기
둘째, 카타르시스의 실제 방안으로서 글쓰기

여기서는 두 번째 글쓰기, 즉 독서치료에서 카타르시스 효과를 더욱 높이는 과정으로서 표출을 위한 글쓰기를 중심으로 살펴보겠다.

아무리 고도화된 정보라도 그것을 효과적으로 표출하지 않으면 소용이 없다. 따라서 입수한 후 고도화한 정보를 표출하는 글쓰기 훈련이 수반되어야 한다. 그러므로 5차원 독서치료에서도 글쓰기는 매우 중요한 부분이다. 억압된 감정과 느낌을 말이나 행동으로 표출하는 것은 효과가 있다. 글로 자신의 생각을 보다 구체화하며 논리적으로 적어 내려가면서 치유 효과는 더욱 증대된다.

지금부터 설명하는 5차원 독서법은 정보의 입수, 고도화, 표출 등 세 과정을 함께 다루는 독서법으로, 독서치료 과정에서 책 내용을 입수해 동일시하고 고도화함으로써 감정과 생각을 책 내용에 깊이 이입시켜 카타르시스 과정을 돕고, 글로 감정을 표출해 독서치료 효과를 최대화하는 방법이다.

5차원 독서법을 구체적으로 실행하는 방법은 다음과 같다. 즉 독서 시간을 60분으로 잡을 때, 사람들은 60분 중 대부분을 책 읽는 데 소요한다. 하지만 5차원 독서법에서는 60분을 다음 세 과정으로 나누어 쓴다.

첫째 과정에서는 60분 중 40분 정도만 책을 읽는다. 둘째 과정에서는 40분간 책을 읽은 후 10분 정도 책 내용을 깊이 생각해보고 묵상한다. 이런 과정에서 정보 재배열과 고도화가 이루어진다. 셋째 과정은 마지막으로 남은 10여 분을 활용해 지금까지 생각해온 것을 기록하는 단계이다. 이러한 10분 글쓰기를 통해 읽은 책에 대한 생각을 정리할 수 있으며, 입수한 정보(지식)를 논리적으로 체계화할 수 있다. 아울러 글쓰기를 할 때 추상적인 개념을 구체화하는 과정이 일어나며, 이를 통해 정보를 나의 삶에 적용해 실천할 수 있는 바탕을 이룬다.

5차원 독서법에서 글쓰기는 매우 중요한 과정으로, 이와 같은 글쓰기를 위한 세 단계 훈련을 해보자.

### 표출을 위한 글쓰기 훈련

1단계: 읽은 내용 정리하기

글쓰기를 위한 1단계는 읽은 책의 내용을 객관적으로 정리하는 것이다. 책 내용을 객관적으로 정리한다는 것은 조직화한다는 뜻이다. 책 내용을 재배열하고 재분류함으로써 내용을 활용하기 쉽게 정리하는 것을 말한다. 마치 전화번호 100개를 무작위로 적어놓은 것과 전화번호를 가나다순으로 배열·분류한 것은 활용 가치가 아주 다른 것과 마찬가지이다. 그런데 책 내용을 조직화하는 데는 다음과 같은 두 가지 방안이 있다.

① 고공표 만들기
② 상관관계 파악하기

먼저 고공표를 만들어보자. 책 내용을 조직화하기 위해서는 우선 내용을 전체적인 시각으로 봐야 한다. 그런 후, 그것을 기반으로 부분을 본다. 이는 마치 퍼즐의 전체 그림을 본 사람만이 퍼즐 조각 하나하나를 맞출 수 있는 것과 동일한 이치이다. 즉 책 내용을 전체적인 입장에서 보려면, 비행기에서 아래를 내려다보듯이 내용 전체를 고공에서 바라보는 고공표를 그려봐야 한다. 고공표를 그리는 제일 좋은 방법은 책 내용을 한 장의 그래픽 언어로 나타내는 것이다.

일단 책 내용으로 고공표를 만든 다음, 각각의 부분이 고공표와 어떤 관계를 맺고 있는지 찾아야 한다. 이렇게 고공표와의 연결 고리를 찾다 보면, 그동안 보이지 않던 핵심과 내용이 새롭게 다가오면서 책 내용을 훨씬 쉽게 조직화할 수 있다.

고공표 만들기와 함께 글 내용을 조직화하는 장치로 쓰이는 것이 상관관계 파악하기이다. 상관관계를 파악하기 위해서는 먼저 글의 구성 원리 두 가지를 알아야 한다.

첫 번째 원리는 책에 나오는 모든 단어와 문장이 중요한 요소가 아니라는 것을 인식해야 한다는 점이다. 다시 말해 읽고 있는 책에는 상대적으로 중요한 단어와 문장이 있는가 하면, 상대적으로 덜 중요한 단어와 문장도 있다. 문장 구조론 입장에서 볼 때 상대적으로 더 중요한 구성 요소를 주요소라고 하고, 덜 중요한 요소를 부요소라고 부른다.

그러나 문제는 더 중요하고 덜 중요하다고 보는 기준이 무엇이냐 하는 것이다. 문장에서 명사, 동사, 형용사 등은 주요소로 쓰이고, 나머지 품사는 부요소로 쓰이는 것이 보통이다. 그러나 보다 더 중요한 기준은 그 책을 쓴 저자 입장이다.

책 내용에 대한 상관관계를 파악하기 위한 두 번째 원리는 글을 구성하는 주요소와 부요소에 일종의 상관관계가 형성된다는 점을 인식해야 한다는 것이다. 즉 책 내용에서 더 중요한 단어 · 문장이 덜 중요한 단어 · 문장과 독자적으로 떨어져 홀로 존재하지 않고, 이 둘 사이에 일종의 상관관계를 형성한다는 것을 인식하는 것이 아주 중요하다.

이상 5차원 독서치료를 위한 글쓰기의 첫 번째 단계인 책 내용을 객관적으로 정리하는 단계, 즉 내용을 조직화하는 단계에 대해 살펴보았다. 이제 2단계에 대해 살펴보자.

## 2단계: 읽은 내용에 대해 질문하기

독서치료를 위한 글쓰기 훈련 2단계는 책 내용에 대해 질문하는 것이다. 다시 말하면 읽은 글의 내용을 객관적으로 정리하고, 전체 내용에 대해 고공표를 만든 다음, 각각의 부분이 앞서 만든 고공표와 어떤 연결 고리가 있는지 찾는 것만으로는 부족하다. 보다 적극적으로 책 내용을 내면화하도록 다각적인 질문을 던져야 한다. 다음은 반드시 포함해야 하는 질문의 예이다.

① 무엇을 쓴 글인가?
② 어떤 입장에서 쓴 글인가?
③ 주장하는 근거는 무엇인가?
④ 입장과 주장하는 근거 사이에 논리적인 일관성이 있는가?
⑤ 보편타당한 주장인가?

## 3단계: 읽은 내용을 자신의 말로 다시 써보기

글쓰기 훈련 3단계는 읽은 내용을 다시 써보기이다. 이는 다시 두 가지로 구분되는데 첫째는 평면적 글쓰기이고, 둘째는 입체적 글쓰기이다.

평면적 글쓰기란 설명문이나 논설문처럼 사실에 대한 정확한 설명과 증거 자료 제시를 목적으로 하는 글쓰기를 말한다. 이러한 평면적 글쓰기는 중심 생각이 분명하게 드러나는 것이므로 제목, 주제, 형식, 문단의 요지, 문단 순으로 적으면 된다. 반면 입체적 글쓰기는 시나 소설 등 문학적 구조를 지닌 책의 내용을 읽고 그에 대해 글을 쓰는 것을 말한다. 이러한 입체적 글쓰기의 핵심은 상징화된 주제를 파악하는 데 있다.

5차원 독서치료를 위한 글쓰기는 이외에도 책 내용을 그림으로 그려 보는 것도 포함한다. 이를 도식화라고 한다. 도식화는 의사 전달에 가장 유용한 방법 중 하나이다. 그러나 평면적 글쓰기든, 입체적 글쓰기든, 도식화든 이러한 글쓰기에 최종적으로 도착해야 하는 지점은 책 내용을 삶에 적용하는 단계이다. 책에서 아무리 좋은 교훈을 얻었다 하더라도 실제 적용하지 않으면, 그것은 여전히 나와는 관련이 없는 것이다. 단지 추상적인 개념일 뿐이다. 추상적인 교훈을 구체화해 삶에 적용하는 데까지 유도해내는 것이 5차원 글쓰기의 목적이다.

지금까지 독서치료의 다섯 가지 과정, 즉 아이코이아의 과정 중 세 번째 과정인 표출과 표출 관련한 글쓰기 방안을 살펴보았는데, 이를 기반으로 3부에서는 5차원 독서치료의 실제를 다음과 같이 다섯 가지로 나누어 살펴볼 것이다.

① 지력과 독서치료
② 심력과 독서치료
③ 체력과 독서치료
④ 자기관리 능력과 독서치료

⑤ 인간관계 능력과 독서치료

　5장에서는 독서치료에서 논의되는 용어를 검토하면서 그 의미와
역할을 설명하려 한다. 이들 용어를 몇 가지로 분류해 정리해봄으로
써 5차원 독서치료의 실제적 예를 소개하는 전초로 삼고자 한다.

# 5차원 독서치료 용어

5

## ❶ 독서치료 용어 분류

독서치료와 관련한 용어로는 독서참여자, 독자, 환자, 독서상담자, 독서
치료사, 독서치유사, 독서치료, 독서치유, 독서요법, 독서 자료, 책, 자가
치료적 독서치료, 상호작용적 독서치료, 개별적 독서치료, 집단적 독서
치료 등이 있는데, 이는 다섯 그룹으로 분류할 수 있다.

① 책을 읽는 사람과 관련한 용어: 독서참여자·독자·환자
② 인도자와 관련한 용어: 독서상담자·독서치료사·독서치유사
③ 독서치료 실행과 관련한 용어: 독서치료·독서치유·독서요법
④ 독서치료의 자료와 관련한 용어: 독서 자료·책
⑤ 독서치료 실행 방식과 관련한 용어: 자가 독서치료·상호작용적 독
　　서치료·개별적 독서치료·집단적 독서치료

## ② 독서참여자·독자·환자

독서참여자는 책에 등장하는 타인을 통해 나의 모습을 바라봄으로써 현재 당면한 문제를 풀고자 하는 의지를 가진 독자를 말한다. 즉 인생 스토리에서 생겨난 문제 해결의 실마리를 책을 통해 찾고자 하는 의지가 있는 사람, 지금 당면한 경험과 사건에 대한 직접적이고 간접적인 연결 고리를 책을 통해 찾아보고자 하는 의지를 가진 사람을 통칭해 독서참여자라고 한다.

실제로 독서치료에서 독서참여자는 가장 중요한 주체이며, 주체인 독서참여자에게 요구하는 사항은 책 속 인물을 통해 자신의 모습을 보다 바르게 보고 싶은 의지와 목표이다. 반면 독자는 문제 해결에 대한 독서참여자의 의지와 관계없이 책을 읽는 사람을 통칭하는 용어이다. 더 구체적으로 말하면, 책을 읽되 독서참여자처럼 책 읽기를 통해 당면한 문제 해결의 실마리를 잡고자 하는 구체적 의지는 없고, 단순히 독서의 즐거움을 위해 책을 읽는 사람을 통칭하는 말이다.

독서참여자나 독자와는 달리 좀 더 임상적인 입장에 있는 사람을 환자라고 한다. 환자는 정신과 의사나 심리상담사 등 정신 건강 전문가가 책을 통한 임상적 치유를 요청한 사람을 말한다.

5차원 독서치료에서는 독서참여자라는 용어를 쓰도록 하겠다.

### ❸ 독서상담자·독서치료사·독서치유사

독서상담자는 당면한 문제에 대한 해결책을 자신과 유사한 책 속 인물을 통해 모색하고자 하는 사람에게 적합한 책을 선정한 후, 그 사람의 독서치료 계획과 일정을 조정하고 인도하는 사람을 통칭한다. 앞에서 삶의 다섯 가지 영역 전체가 독서치료 범위라고 언급한 바 있다. 문제는 심력에 문제가 생겨 책을 통해 그 해결책을 찾고자 할 때 어떻게 적절한 책을 선정할 수 있느냐 하는 것이다.

더 실제적으로 말하면, 특정 책이 어떤 사람에게는 놀라운 독서치료 효과를 발휘하는 데 비해, 어떤 사람에게는 흥미조차 유발하지 못하는 경우가 있다. 좋은 독서 자료이지만 독서참여자의 관심과 흥미를 유발하지 못한다면 그 책을 통해 감정적이거나 심리적인 위로, 치료를 기대하기는 어렵다. 그러므로 독서참여자의 상황에 맞는 도서를 선택하는 것은 독서치료 과정에서 매우 중요한 부분이며, 독서참여자가 스스로 책을 선정할 능력이 없다면 독서상담자는 그에게 적합한 독서 자료를 선정하고 독서 동기를 유발하는 역할을 해야 한다.

한편 독서치료사와 독서치유사는 기본적으로 동의어로, 독서상담자보다 좀 더 전문적인 지식과 훈련을 받은 사람을 일컫는다. 즉 독서치료 분야와 관련한 심층적 지식과 훈련을 체계적으로 받고, 독서 자료를 통해 독서참여자나 환자를 치료할 자격을 갖춘 전문가를 통칭하며, 독서치료사 또는 독서치유사라고 한다.

5차원 독서치료에서는 독서상담자라는 용어를 쓸 텐데, 여기서 한 가지 중요한 점은 독서상담자든 독서치료사든, 우선은 독서참여자의 말을 경청해야 한다는 사실이다. 독서상담자가 독서참여자의 말을 잘 들어주는 것은, 책을 통해 당면한 문제를 해결하고자 하는 독서참여자가 원하는 효과를 제대로 얻는 데 선제되어야 할 아주 중요한 요소이기 때문이다.

## 독서상담자의 역할

책에 등장하는 다른 사람을 보고, 그의 모습에서 자신이 당면한 문제를 풀기 위해서는 우선 자신의 내면에 있는 것을 표출해야 한다. 이러한 내면의 표출은 말이나 글로 표현할 수 있다. 독서상담자는 독서참여자와 대화를 나누거나 주변 정보의 수집을 통해 그의 상황과 문제를 정확하게 파악하도록 노력해야 한다.

실제로 독서참여자가 자신의 상처, 불안감, 우울증, 소외감, 수치심, 무가치함, 열등감, 분노 등 억압된 감정을 말로 털어놓기란 쉽지 않을 것이다. 그래서 독서상담자가 애정과 관심을 갖고 독서참여자의 말을 잘 들어주는 것은 독서치료를 위해 매우 중요하다.

## 독서상담자의 자질

독서상담자는 독서치료를 위해 독서참여자에게 적절한 자료를 선정해주고 독서 진행 과정을 도와주는 사람이다. 그러한 역할을 수행하기 위해서 독서상담자가 갖추어야 할 자실과 요건이 있다. 독서상담자의 자질은 인성적 자질과 전문적 자질로 구분된다.

먼저 인성적 자질을 살펴보면, 독서상담자는 우선 상담을 통해 독서 참여자의 특정 요구나 문제를 파악하는 상담자 역할을 해야 한다. 이러한 면은 심리상담자와 공통되는 인성적 자질이다. 상담은 매우 개인적이고 친밀한 관계에서 일어나는 심리적인 인간관계 활동이다. 즉 독서 참여자와 밀접한 유대감과 신뢰감을 형성해야 한다.

독서상담자는 그러한 면에서 진실함과 성실함을 갖춘 사람이어야 한다. 그러나 흠이 없고 완전한 인격을 갖추어야 한다는 것을 의미하지는 않는다. 오히려 좌절과 실패의 경험이 있음에도 끊임없이 자신을 돌보고 어려움을 적극적으로 극복하려는 자세를 가진 사람이야말로 독서참여자에게 훌륭한 모델이 되고, 마음을 털어놓을 수 있는 신뢰의 대상이 될 것이다.

또 독서상담자는 독서참여자의 다양한 문제와 예민한 정서 변화에 유연하게 대처하며, 인내를 가지고 포용할 수 있는 정서적 성숙과 심리적 안정감을 갖추도록 노력해야 한다. 이러한 자질을 갖춘 상담자라면 독서참여자가 안심하고 무엇이든 이야기할 수 있으므로 내면에 쌓아둔 고민이나 수치심 등도 노출할 수 있다.

두 번째로 독서상담자의 전문적인 자질을 살펴보면, 인간 성격에 대한 이해와 지식을 갖추는 것이 바람직하다. 즉 인간의 욕구와 발달 과정을 이해하고 심리학적 지식을 가지고 상담에 임한다면 상대방의 고민과 어려움을 보다 효과적으로 파악할 수 있다. 또 상담 이론과 적용 방법에 대한 기본적인 지식을 갖추어야 한다. 상담의 원리 · 과정 · 절차 · 대화 기법 등의 지식을 습득하고 훈련하는 것이 보다 효율적인 상담을 위해 필요한 요소이다.

## 독서상담자의 대화 기법

이러한 독서상담자의 자질 중 독서참여자와의 대화는 필수 불가결한 독서치료 과정이다. 그러므로 독서상담자가 반드시 갖추어야 할 기본적인 대화 기술을 살펴보기로 한다.

독서상담자는 경청하는 사람이어야 한다. 말을 유창하게 하거나 논리적으로 하는 것이 중요한 게 아니라 독서참여자에게 주의를 기울이고 그가 말하는 것을 경청하도록 노력해야 한다. 그러면 독서참여자는 자신이 독서상담자에게 지극한 관심과 배려를 받고 있다고 느끼며 내면의 말을 할 수 있는 용기를 얻을 것이다. 그럼으로써 독서참여자는 독서상담자에게 신뢰감을 느끼며 자신의 갈등과 고민을 노출해, 비로소 적합한 독서치료 방법을 설정할 수 있다.

또 독서상담자는 독서참여자의 언어적 표현은 물론, 비언어적 표현을 통해 상대방을 이해할 수 있어야 한다. 즉 상대방의 표정, 태도, 행동을 관찰하며 그가 어떠한 감정을 느끼고 있는지 파악하고 빠른 시간 내에 그의 특성을 이해한다면 독서치료를 순조롭게 진행할 수 있다.

독서참여자가 자신의 심정과 상황을 솔직하게 말할 수 있도록 대화를 이끌어나가는 것도 중요하다. 즉 독서참여자와 대화를 지속하며 대화 내용을 진전시키기 위해 효과적으로 말하는 기법이 요구된다. 독서치료 효과를 내기 위해 독서상담자는 다음과 같은 세 가지 말하기 기법을 훈련해야 한다.

첫째, 독서상담자는 우선 알아듣기 쉽고 재미있게 이야기해야 한다. 간혹 강의나 누군가의 이야기를 듣다 보면 무척 어렵게 느껴지는 경우가 있다. 그런데 어렵게 이야기하는 경우 대부분은 말하는 사람이 그 주제에 대해 완벽하게 꿰뚫지 못하고 있을 가능성이 높다. 잘 아는 사실은 쉽게 얘기할 수 있다. 재미있게 이야기해야 하는 이유는 누구도 심각한 이야기에 오래 집중할 만큼 인내심이 강하지 못하기 때문이다. 특히 상대가 당면한 문제 때문에 정신적으로 어려움을 겪는 독서참여자인 경우에는 더 말할 것도 없다. 그러므로 독서참여자를 즐겁게 해줄 수 있는 이야기를 건네야 한다.

둘째, 독서상담자는 명료하게 이야기해야 한다. 상담 시 독서상담자는 상대방이 이야기한 것 중 애매하거나 모호한 부분을 간결하고 분명한 표현으로 독서참여자의 생각을 정리하고 확인시킬 줄 알아야 한다. 이러한 말하기 방법은 상대방의 이야기를 정확하게 피드백함으로써 계속 이야기할 수 있도록 고무시키기도 하고, 독서상담자의 조언을 분명하게 전달하는 역할을 한다.

셋째, 독서상담자는 깊이 있게 이야기해야 한다. 독서상담자가 쉽고 재미있고 간결하게 말하는 데만 신경 쓴다면 독서참여자에게 감동을 주기 어려울 것이다. 상담 효과는 말의 깊이에 좌우된다. 말의 깊이란 자신이 말하고자 하는 주제의 본질을 파악하는 것을 말한다.

독서참여자에게 어떤 조언을 해주든 주제의 핵심이 되는 본질을 다루면 쉽고, 재미있고, 간결하게 말하더라도 깊이 있게 다가가며 영향력을 발휘한다. 반대로 본질을 다루지 못하고 문제 주변만 겉돈다면 독서상담자의 말은 독서참여자에게 실제적인 도움을 주지 못한다.

지금까지 독서치료의 효과를 내기 위해 독서상담자의 말하기 기법에 대해 살펴보았는데, 이러한 말하기 기법은 어조와 억양에 따라 전달

효과가 많이 달라진다. 말하기에서 독서상담자의 적절한 어조와 속도가 병행된다면 보다 효율적으로 내용을 전달할 수 있다.

첫째, 독서상담자의 목소리는 너무 크지 않아야 한다.
둘째, 독서상담자의 목소리는 너무 높거나 빠르지 않아야 한다.
셋째, 독서상담자의 억양은 적절하게 리듬감 있고 활기차야 한다.

위의 세 가지는 독서상담자에게 요구되는 말의 기술이다. 독서상담자는 상담 시 부드럽고 수용적이며 안정된 분위기로 이야기를 이끌어 나가야 보다 효과적이다. 그러므로 부드러우면서 온화한 어조와 너무 빠르지도 느리지도 않은 말의 속도는 상대방이 편안하게 마음을 놓을 수 있도록 해준다. 또 약간 낮은 목소리는 듣는 사람이 신뢰와 심리적인 안정감을 갖도록 도와준다. 그러면서도 너무 기운이 없는 목소리가 아닌 적당히 생동감 있고 활기찬 어조는 독서참여자의 기분을 좋게 하여 상담 의욕을 고취할 수 있다. 그러므로 독서상담자는 말하기 훈련을 통해 상담과 대화에 필요한 훈련을 쌓아나가도록 노력해야 할 것이다.

지금까지 독서상담자의 자질과 말하기 기법에 대해 간략하게 살펴보았다. 이 책에서는 이러한 주제와 관련해 보다 깊이 있는 상세한 기술은 피하려 한다. 이 책에서 다루는 독서치료의 방법은 독서상담자나 독서치료사의 개입을 최소화하고, 독서참여자 자신이 당면한 문제를 스스로 파악해 다섯 가지 영역 중 그에 적합한 책을 선정한 다음, 자신이 세운 목표와 세부 계획하에 책을 읽어나감으로써 일정한 치유 목표에 도달하는 자가 독서치료법이기 때문이다.

현재 독서치료, 독서치유, 독서요법은 모두 유사한 의미를 지닌 용어로 사용된다. 즉 책에 등장하는 타인의 모습을 통해 나 자신이 당면한 문제를 더욱 객관적으로 바라보고, 그러한 과정을 거치면서 문제 해결의 실마리를 찾으려는 시도를 통칭하는 용어가 독서치료, 독서치유, 독서요법이다.

보다 정확하게 각 용어를 설명하면, 독서요법은 영어의 'bibliotherapy'를 1950년대에 일본에서 학문 영역으로 받아들이면서 '독서요법'이라고 해석해 일컬었는데, 독서를 통해 정신 질환의 완화를 돕는 보조적인 방법이라는 의미로 정의 내린다. 즉 방법 또는 기법이라는 의미를 보다 강하게 포함한다고 할 수 있다. 그에 비해 독서치료는 좀 더 임상적인 경우에 쓰이는 말로 독서를 통해 환자의 직접적 또는 간접적 치료에 초점을 둔 용어이다. 반면 독서치유는 임상적 독서치료보다 상담 부분에 좀 더 비중을 둔 말이다. 이렇게 엄밀한 의미에서 용어의 개념은 조금씩 차이가 있지만, 세 가지 용어 모두 책 읽기를 통해 인간의 정신적·정서적 갈등을 치료하는 방법이라는 공통된 개념을 가진다.

5차원 독서치료에서는 이미 이 책에서 사용하고 있는 대로 독서치료라는 용어를 쓰도록 한다.

**⑤ 독서 자료·책**

독서 자료와 책은 모두 같은 말이다. 다만 독서 자료는 책 외에 음향 자료, 영상 자료 등도 포함한다. 그러나 독서치료에서 이 두 용어는 기본적으로 같은 기능과 역할을 한다. 그러므로 5차원 독서치료에서는 독서 자료와 책이라는 용어를 병행해서 쓰도록 한다.

독서치료에서는 독서참여자와 독서 자료의 역동적 상호작용을 통해 효과가 나타난다. 독서참여자는 책을 읽으면서 깨닫지 못한 문제를 인식할 수 있고, 책을 통해 자신의 억눌린 부정적 정서를 감정적으로 발산하며, 정신적 억압에서 벗어나 일종의 해방감을 느끼기도 한다. 그렇게 함으로써 지금까지 자기만의 심각한 문제라고 생각하며 내면에 쌓아놓은 갈등을 외부에서 객관적으로 볼 수 있는 시각을 갖고 올바르게 판단하며, 보다 건설적으로 자신의 문제를 해결하도록 생각과 태도를 변화시키는 것이다. 이것이 치료 효과이다.

다시 말하면, 독서 자료는 독서참여자의 문제를 객관적으로 진단하게 해주고, 치료 효과에 직접적인 영향을 주는 처방이 된다. 독서 자료 선정은 환자에게 필요한 약을 처방해주듯 치료와 예방에 매우 중요한 요소이다. 환자에게 잘못된 약을 처방하면 질병의 회복을 기대할 수 없듯, 독서참여자의 상황에 부적합한 독서 자료로는 치료 효과를 기대할 수 없다. 그러므로 독서 자료의 선정은 독서치료 과정에서 가장 중요한 부분이라 할 수 있다.

따라서 독서치료의 핵심이 되는 독서 자료를 선정할 때는 깊이 있는 배려가 필요하다. 일반적으로 문학작품은 독서치료의 자료로 적합하다. 고대 테베의 도서관 현판에 쓰인 '영혼을 치유하는 곳'이라는 문구는 문학작품에 사람의 마음을 치유하고 회복해주는 힘이 있다는 것을 이야기한다.

문학작품 중에서도 시와 소설이 특히 적합하다. 시와 소설은 이미지와 스토리로 구성되어 있다. 이미지는 독자의 상상력을 그림과 같이 형상화하고, 스토리는 형상화된 이미지로 독자의 사고 기능을 자극해 내면에 구체화하도록 하는 특성이 있다. 예를 들면 《아라비안나이트》에 나오는 〈하늘을 나는 카펫〉은 실제로 눈으로 본 적은 없지만 마치 본 것처럼 생생한 모습으로 존재하며, 김소월의 시 〈진달래꽃〉을 읽으면서 발밑에 뿌려진 붉은 진달래잎을 현실감 있게 인식할 수 있다.

이렇듯 시와 소설은 강한 이미지와 내용을 지속적으로 연결하도록 만드는 스토리를 가지고 있다. 그 스토리는 삶의 경험을 생생하게 재연해 독자의 느낌과 사고에 깊이 침투하는 특성이 있다. 또 시는 간결하면서도 압축된 글로 다양하고 폭넓은 의미와 해석을 가능케 해 자기이해의 폭을 넓혀주며, 시의 리듬은 독자의 인지 기능을 자극해 정서적인 즐거움과 감상을 강화하기도 한다. 다시 말해, 시와 소설은 이미지와 스토리를 구성해 감동을 주고, 의식에 침투해 지속적으로 사고를 재구조화함으로써 생각과 태도의 변화를 불러오는 메커니즘을 가지고 있다.

그 밖에 시와 소설의 치료적인 특성으로, 시와 소설은 독자에게 현실감 있는 생생한 이미지와 스토리를 통한 리얼한 체험을 제공하지만, 그것은 오직 독자의 감성과 사고 속에서 일어나는 상황일 뿐이며 실제 상황은 아니라는 것이다. 이러한 측면은 독자가 소설을 읽으면서 안전감a feeling of safety을 유지해 보다 객관적으로 판단할 수 있도록 도와준다. 남의 모습을 들여다보면서 간접적으로 자기 모습을 반영하기 때문에 극단적인 상황과 감정을 이완하는 작용을 한다. 이러한 현실감과 안전감은 책을 읽는 과정에서 동시에 존재하며, 서로의 상호작용을 통해 치료 과정을 촉진한다.

## 독서 자료 선정 기준

이러한 치료적 특성이 있는 작품을 선정할 때는 독서참여자의 상황과 문제에 적합한 자료를 선택하는 데 도움이 되도록 보다 구체적이고 전문성 있는 독서 자료 선정 기준에 따라야 한다. 여러 측면을 고려한 다양한 독서 자료 선정 기준이 존재하지만, 공통적이며 보편성 있는 기준은 다음과 같다.

첫째, 독서 자료의 주제는 독서참여자의 상황에 적용 가능한 주제여야 한다. 독서참여자는 책 내용에서 자신의 상황이나 문제와 유사한 것을 발견할 때 일체감을 느낀다. 이러한 느낌은 독서참여자가 책 주제를 쉽게 이해할 수 있도록 하며, 동일한 정서와 감정을 불러일으킨다. 그러므로 독서참여자의 상황과 밀접한 주제는 독서 자료 선정 시 가장 우선적으로 고려해야 할 요건이다.

둘째, 독서 자료는 독서참여자의 특정 문제나 요구에 대한 건설적 접근 방법을 제시할 수 있어야 한다. 선정한 책이 독서참여자가 갈등하는 문제에 대해 막연하거나 추상적인 결론을 제시한다면 독서참여자는 또다시 혼란에 빠질 수 있다. 그러므로 현실적이며 건설적인 해결 방법을 제시할 수 있는 독서 자료를 선택해야 독서치료 효과가 증대될 수 있다.

셋째, 독서 자료의 결론이 자살이나 절망 등 부정적인 영향을 주지 않아야 한다. 문학작품 중에는 비극적인 요소를 담은 것이 많다. 슬픔, 분노, 좌절, 절망 등의 감정이 포함되는데 이러한 아픈 감정은 독서참여자가 자신의 슬픔을 발산하는 데 필요한 요소이다. 그러나 비극이나 절망으로 결론 내린다면 독서참여자는 불안감이나 허무함을 떨쳐버리기 어려울 것이다. 독서 자료는 희망과 자신감을 주는 긍정적인 결말을 제공해 독서참여자가 문제 해결을 할 동기와 용기를 부여하며 자신감을 줄 수 있어야 한다.

넷째, 독서 자료는 독서참여자의 정신적 · 신체적 연령과 독서 능력에 적합해야 한다. 만약 독서참여자가 어린이라면 그의 정신연령에 맞게 이해하기 쉬운 독서 자료라야 할 것이다. 또 독서참여자가 노인이라면 글자가 너무 작은 것은 피하는 것이 좋다.

다섯째, 독서 자료는 가급적 간결하면서도 명확하게 표현해 내용을 효과적으로 전달하는 것이어야 한다. 간결하면서도 명확한 문체는 독서참여자가 책을 읽으면서 내용을 정확하게 이해할 수 있도록 하며, 내용이 주는 이미지와 생각을 보다 구체적으로 의식화할 수 있도록 돕는다. 문체가 너무 화려하거나 산만하다면 독서참여자가 책 내용을 이해하기 어려울 뿐 아니라, 집중력을 떨어뜨려 치료 효과를 감소시킨다.

그 외에도 독서 자료 선정 기준으로는 독서상담자가 접해본 자료여야 하며, 효과적인 치료를 위해 독서 자료와 함께 다른 보조 자료(그림, 사진, 영상 등)의 병행도 고려해볼 만하다.

이렇듯 독서 자료는 적합한 사람right person에게 적합한 시기right time에 적합한 책right book을 제공한다는 원리에 맞추어, 독서참여자의 상황과 시기에 적합한 책을 선정해야 한다.

## 독서 자료 선정을 위한 정보 수집

독서상담자는 책 선정에 앞서 독서참여자를 좀 더 정확하게 이해하기 위해 다양한 각도의 정보를 수집해야 한다. 예를 들면 독서상담자가 독서참여자의 신체적·정신적·정서적 연령을 파악하고, 그의 독서 능력과 기호와 취미를 기본적으로 이해해야 한다. 그리고 현재 독서참여자의 갈등과 문제를 보다 정확하게 진단하기 위해서는 그의 성격, 학교생활, 가족력, 가정환경, 인생관, 과거의 사건, 독서 능력, 행동 발달 상황 등도 가능한 한 폭넓게 파악해야 적합한 책을 선정해줄 수 있다.

또 독서참여자에 대한 여러 각도의 분석과 이해를 위해 필요한 경우 DQDiamond collar Quotient(전인지수) 척도표를 함께 추천한다. 이 척도표는 독서참여자의 사정을 이해하고 그의 약점과 단점을 파악하게 해주며, 아울러 그가 당면한 문제를 살피는 데 요긴한 테스트이다.

즉 DQ Test 결과, 심력이 약하게 나온 사람이라면 심력을 발휘하는 데 역기능이 있다고 판단해 심력을 강화하는 책을 선정하면 된다. 혹은 지력이 약하게 나와 지력에 역기능이 있는 것으로 진단된 사람이라면 독서상담자와 독서참여자가 상호 협의해 지력을 강화함으로써 지력 문제를 보강하는 방향으로 독시치료의 목표와 세부 일정을 잡아야 한다. 자기관리 능력이 약하게 나온 사람이라면 자기관리 능력을 강화하는 책을 선정하면 될 것이고, 인간관계 능력이 약하게 나온 사람이라면 인간관계를 강화하는 책을 선정해 읽어나가면 독서치료 효과를 높일 수 있을 것이다.

앞에서 언급한 지력·심력·체력·자기관리 능력·인간관계 능력 등은 서로 상호적으로 연결되어 있어 책 읽기를 통해 극복한 문제가 다른 영역으로 연쇄적 상승효과를 나타내면서 독서치료 효과가 배가된다. 바로 이런 이유 때문에 독서참여자에 대한 정보를 최대한 확보하는 것은 독서치료에 결정적인 요건이 된다.

## ⑥ 자가·상호작용적·개별적·집단적 독서치료

### 자가 독서치료와 상호작용적 독서치료

자가 독서치료는 독자적 독서치료라고도 불린다. 독서상담자와 접촉하지 않고, 혹은 최소한의 접촉으로 독서참여자 스스로 책을 선정하고, 독서 계획을 설립하며 독서치료 전 과정을 스스로 이끌어나가는 독서치료법이다. 즉 자가 독서치료는 독서상담자의 조언은 참고하되, 독서치료 전 과정을 독서참여자 스스로 기획하고 실행하는 방법이다. 그래서 자가 독서치료법에서는 독서참여자 자신이 당면한 문제를 스스로 파악해 그에 맞는 책을 선정한 다음, 자신이 세운 목표와 세부 계획 아래 책을 읽음으로써 일정한 치유 목표에 도달한다.

이러한 자가 독서치료는 책을 통해 자신이 당면한 문제를 풀겠다는 의지만 있으면 누구라도 쉽게 실행할 수 있으므로 치유 목적의 책 읽기뿐 아니라 교육적 책 읽기, 예방적 책 읽기 등에서도 폭넓게 사용된다. 이런 면에서 5차원 독서치료는 기본적으로 자가 독서치료법이라고 말할 수 있다.

반면 상호작용적 독서치료법은 독서참여자가 독서상담자에게 도움을 요청하는 식으로 시작하는 것이 보통이다. 물론 그 반대로 독서상담사가 독사참여자를 찾아 독서치료 과정에 들어갈 수도 있다. 이때 중요한 것은 독서참여자와 독서상담자 사이에 밀접한 인간관계가 형성되어야 한다는 점이다. 물론 독서참여자 입장에서는 독서치료에 전문적인 식견을 갖춘 독서상담자의 도움을 받고자 할 것이다. 그러나 독서치료가 열매를 맺기 위해서는 전문적 식견보다 더 중요한 요건이 있다. 그것은 독서상담사와 독서참여자의 상호 신뢰적 관계이다. 다음은 둘 사이에 상호 신뢰적 관계가 형성되었는지 진단할 수 있는 사항이다.

① 서로 눈이 마주칠 때 회피하는 경우가 있는가?
② 서로에 대한 감정과 정서 표현에 공격적·적대적 요소가 있는가?
③ 서로 어느 때, 어떤 주제에 대해서든 진솔한 대화가 가능한가?
④ 서로가 서로에 대해 진정으로 마음의 문을 열고 있는가?
⑤ 서로의 제안에 대해 서로 성실하게 반응하고 있는가?
⑥ 독서치료 효과를 내기 위해 서로가 서로에게 최선을 다할 의지가 있는가?

위의 질문에 자문해보고, 독서상담자와 독서참여자 사이에 신뢰 관계가 형성되어 있다고 판단되면 나머지 문제는 그다지 큰 변수가 되지 않는다.

## 개별적 독서치료와 집단적 독서치료

한편 개별적 독서치료는 집단적 독서치료와 반대되는 개념으로서, 한 사람의 독서참여자가 독서상담자와 개별적 접촉을 하면서 독서치료에 임하는 방법이다. 여기에는 독서참여자와 독서상담자의 면담이나 독서 기록을 주고받음으로써 치료를 진행한다. 그러므로 독서참여자와 독서상담자의 밀접한 유대감과 진솔한 대화가 치료에 주요한 영향을 미친다.

집단적 독서치료는 유사한 문제가 있는 사람들이 모여 집단을 구성하고 책을 돌아가며 읽거나 독서상담자 또는 그룹 리더가 선정하는 책을 읽은 후 토론하는 형태이다. 집단의 구성은 대개 소집단이 효과적이며, 이 집단적 독서치료는 사회성이 결여된 사람은 적응하기 쉽지 않다. 하지만 적응이 된다면 구성원과 교제하면서 사회성이 향상되고, 자기 표현력과 대화 기술을 익히는 좋은 방법이기도 하다. 또 구성원들 사이에 동질감과 소속감이 형성되어 위로와 용기를 얻을 수 있으며, 문제 해결 방법도 서로 교환할 수 있어 치료 효과가 증대된다.

3부

—

5차원
독서치료의
실제

# 1

## 심력과 독서치료

**①** 삶의 목표 부재와 독서치료

살아가면서 가장 곤혹스러울 때가 있다면 그것은 바로 삶에 목표가 없을 때가 아닌가 한다. 어쨌거나 지금까지 달려오기는 했는데, '내가 무엇 때문에 사나?', '내가 사는 것에 과연 의미가 있을까?' 하는 생각이 들면 막막하기도 하고 허무감을 느끼게 마련이다. 이러한 문제를 해결하기 위해 어떤 책이 어떻게 도움이 되는지 한번 알아보자.

권정생의《강아지 똥》은 이러한 문제를 어느 정도 해소하도록 돕는다. 짤막한 동화이기는 하지만 남녀노소를 불문하고 전달하는 메시지가 확실하다. 왜 사는지, 무엇 때문에 사는지, 지금 이렇게 살고 있는 것이 제대로 사는 것인지 하는 삶의 의미 문제 때문에 흔들리는 자신을 염두에 두고《강아지 똥》을 읽으면 도움을 받을 수 있다.

《강아지 똥》의 줄거리는 다음과 같다. 돌이네 강아지인 흰둥이가 골

목길 담 밑 구석에 똥을 누었다. 날아가던 참새 한 마리가 '강아지 똥'을 쪼면서 더럽다고 말하자 강아지 똥은 눈물이 나왔다. 저만치 있던 흙덩이도 강아지 똥을 보고 더럽다고 하자 결국 강아지 똥은 울고 말았다. 흙덩이는 그제야 자기 이야기를 하며 착하게 살자며 달래주었다. 강아지 똥은 어떻게 하면 착하게 살 수 있을지 생각했다. 봄이 되어 닭과 병아리가 찾아왔지만 먹을 만한 것이 없자 곧 가버렸다. 강아지 똥은 밤하늘의 별을 보며 반짝이는 별이 되고 싶다고 생각했다. 강아지 똥 옆에 돋아난 민들레 싹은 강아지 똥에 꽃을 피우도록 도와달라고 했다. 강아지 똥은 빗물에 부서져 민들레 뿌리로 들어가 꽃봉오리를 맺어 활짝 꽃을 피웠다. 그 꽃은 별처럼 빛났다.

## 1단계: 동일화

삶의 의미를 몰라 방황하는 사람들이 권정생의 동화를 통해 심력을 치유하는 여정에 들어설 수 있는 이유는 이 소설의 주인공인 강아지 똥 역시 삶의 목표가 없을 뿐 아니라 인정을 받지 못하기 때문이다. 그래서 심력에 문제가 있고 인생의 진정한 의미를 발견하지 못해 방황하는 사람들이 이 동화를 읽노라면, 강아지 똥에 연민과 일종의 애정을 느끼면서 곧 자신의 문제로 다가오는 순간이 있다. 이것이 바로 독서치료 효과가 나타나는 아이코이아의 첫 번째 과정인 동일화이다.

### 2단계: 카타르시스

동일화 과정 다음에는 카타르시스 과정이 뒤따른다. 카타르시스란 쉽게 설명하면 안에 있는 것을 밖으로 말함으로써 토해놓는 것을 말한다. 삶의 목표가 없다는 사실과 삶의 정체성을 찾지 못해 힘들어하는 자신의 심정과 갈등, 아픔, 공포를 이 소설 속 주인공 강아지 똥을 빌려 밖으로 감정적으로 터뜨림으로써 정화되는 것이 카타르시스이다.

### 3단계: 표출

이러한 카타르시스 과정, 즉 속에 있던 응어리를 밖으로 터뜨린 다음에는 그것을 글로 구체적으로 적는 것이 좋다. 이것이 바로 독서치료의 다섯 가지 단계인 아이코이아 중 세 번째 단계, 표출 과정이다.

그러면 구체적으로 어떻게 표출해야 할까? 삶의 의미 문제로 방황하는 자신과 동화 속에서 나와 같은 문제로 고민하는 강아지 똥을 동일화한 다음, 거기서 유래하는 느낌과 정서와 감정을 글로 쓰는 것이 곧 표출이다. 즉 삶의 의미 문제로 방황하는 동화 속 강아지 똥의 행동·생각·사고방식을 동일한 문제로 방황하는 나 자신의 행동·생각·사고방식 등과 일체화해 그에 대해 느낀 점을 글로 표현하는 것이 표출인데, 다음 질문은 이러한 표출 과정에 큰 도움을 줄 수 있다.

1. 강아지 똥이 자신을 초라하게 생각한 원인을 찾아 써보자.

   ......................................................................................................

   ......................................................................................................

2. 강아지 똥이 꿈 또는 삶의 목표를 찾아가는 과정에서 도움이 될 만한
   말을 할 자격이 나에게 있다면 어떤 이야기를 해줄지 써보자.

   ......................................................................................................

   ......................................................................................................

3. 내가 혹시 강아지 똥 옆을 지나가던 참새나 닭처럼 행동한 경험이 있
   는지 생각해보고, 그중 한 가지를 써보자.

   ......................................................................................................

   ......................................................................................................

4. 보통 사람들이 꿈이나 목표에 갖는 환상이 있다면 어떤 것인지 써보자.

   ......................................................................................................

   ......................................................................................................

5. 강아지 똥이 이룬 소박하지만 위대한 꿈처럼, 나는 어떤 꿈을 꾸고 있
   는지 써보자.

   ......................................................................................................

   ......................................................................................................

## 4단계: 통찰

동일화와 카타르시스, 표출 다음에는 통찰 과정이 뒤따른다. 통찰이란 자신의 문제, 즉 삶의 목표를 설정하지 못해 방황하는 나 자신을 강아지 똥을 통해 더욱 객관적으로 인식하는 과정이다. 바꿔 말하면 이 동화의 주인공 강아지 똥을 통해 삶의 목표를 상실하고 방황하는 자신의 모습을 더욱 똑바로 보며, 강아지 똥이 그 목표를 이룸으로써 나 또한 만족을 느끼게 된다. 강아지 똥을 통해 더욱 객관적으로 바라본 나의 문제를 다음과 같은 질문에 답하는 것으로 정리해두는 것도 좋다.

1. 삶의 의미 문제에서 내가 겪는 최대의 문제는 무엇인가?

   ..................................................................................................

   ..................................................................................................

2. 내가 현재 겪는 삶의 무의미 문제는 어디에서 비롯되었다고 생각하는가?

   ..................................................................................................

   ..................................................................................................

3. 내가 지금 삶의 목표를 확실하게 정립하지 못하고 있지만 앞으로 꼭 해야 할 일이 있다면 무엇인가?

   ..................................................................................................

   ..................................................................................................

이제 위의 세 가지 질문에 대한 답은 삶의 의미 문제로 고민하는 나 자신의 문제를 보다 정확하고 상세히 파악하게 한다. 이것이 통찰 과정이다.

## 5단계: 적용

동일화와 카타르시스, 표출, 통찰 다음에 이어지는 독서치료의 마지막 단계는 적용 과정이다. 강아지 똥이 삶의 목표 상실이라는 문제를 해결한 방식 또는 그와 유사한 방식을 나의 삶에 적용하면 된다.

반면 강아지 똥이 동화 속에서 취한 방식 때문에 문제가 더 악화된 것으로 판단한다면, 그가 취한 방식이 나의 삶에 유입되지 않도록 주의하면 된다. 바로 이러한 과정을 통해 5차원 독서치료가 이루어진다.

### ❷ 반응력 빈곤과 독서치료

이제까지 심력 중 인생의 의미를 찾지 못해 방황하는 경우와 관련한 책 읽기를 통한 5차원 독서치료의 실제 과정을 살펴보았다. 이번에는 심력 중 반응력에 문제가 있는 경우의 독서치료를 살펴보고자 한다.

반응력의 문제란 기뻐하는 타인의 모습을 보고도 기뻐해주지 못하고, 아파하는 타인의 모습을 보고도 아파해주지 못하는 자신 때문에 괴로워하고 힘들어하는 경우를 말한다. 이렇게 둔감해진 반응력을 회복하는 데 도움을 주는 책으로 포리스트 카터의 《내 영혼이 따뜻했던 날들》을 추천한다. 실제 작은 고마움에도 반응할 줄 모르는 무반응의 삶을 살고 있다면, 그것이 큰 고민이고 갈등이라면, 감수성 높은 북아메리카 원주민 가족의 서정적인 자극이 특히 필요할 것이다.

일반적인 자극에는 전혀 반응하지 못하고, 큰 자극에 그저 약간 미동하는 정도로 반응력이 전혀 작동하지 않는 나 자신을 염두에 두고 이 소설을 읽다 보면, 자연과 사람의 자극에 섬세하게 반응하고, 그들의 삶을 윤택하게 만드는 과정을 알게 된다. 소설의 주인공인 '작은 나무'에게서 일종의 부러움을 느끼면서 독서치료 여정에 들어갈 수 있다.

지은이 포리스트 카터의 자전적 소설이기도 한 이 책은 부모를 잃은 소년 '작은 나무'가 체로키 인디언인 조부모와 함께 살면서 겪은 이야기로 구성되었다. 삶을 단순하게, 삶과 화해하며 살아가는 지혜를 배우는 과정을 담았다.

### 1단계: 동일화

《내 영혼이 따뜻했던 날들》의 주인공인 작은 나무는 마을에서 살다 부모가 모두 죽자 숲속에 들어와 조부모와 살면서 자연과 삶을 배운다. 그리고 북아메리카 원주민의 삶처럼 자연과 타인에게 귀 기울이는 방법을 터득한다. 또 좀 더 민감하고 세심하게 여러 상황과 처지를 느끼고 간파한다. 그러한 예를 나열한 글을 읽노라면 조부모와 그 이웃의 배려와 지혜, 또 작은 나무의 성장을 주목하며 나도 그와 같이 반응력이 넘치는 사람이 되면 좋겠다는 희망을 가져 5차원 독서치료의 시발점인 동일화 과정에 들어선다.

즉 소설 속 주인공인 작은 나무를 통해 반응력 없는 자기 자신을 볼 수 있는 것이다. 작은 것에도 반응하는 소설 속 주인공과 반응력 빈곤으로 갈등하는 자신이 분명히 대비되면서 자기 문제를 더욱 분명히 파악하는 동일화 과정을 겪고, 이를 통해 반응력 빈곤이라는 문제를 해결하는 단서를 얻는다.

### 2단계: 카타르시스

그다음으로는 카타르시스 과정으로 넘어가는데, 소설 속 작은 나무를 보고 그와 대비해 반응력 없이 마른풀처럼 살아가는 나 자신의 응어리를 밖으로 정서적으로 그리고 감정적으로 터뜨림으로써 마음이 정화되는 것을 말한다.

### 3단계: 표출

소설의 주인공 작은 나무와 전혀 반응할 줄 모르는 나 자신을 대비시켜 거기에서 느껴지는 감정을 독후감 형식으로 써보는 것이 표출이다. 이러한 표출 과정에서 다음 질문은 나름대로 도움을 줄 수 있다.

1. 작은 나무가 처음으로 숲속에 들어와 자던 날, 작은 나무의 마음은 어땠을지, 할머니의 자장가는 어떤 역할을 했을지 자신의 생각을 짧게 적어보자.

.........................................................................

.........................................................................

2. 작은 나무와 그 외 인물 중 나에게 가장 감동을 주는 인물은 누구이
   며, 그 이유를 써보자.

   .........................................................................

   .........................................................................

3. 작은 나무가 고아원에서 생활할 때 그 어려움을 견딘 힘은 무엇이라
   고 생각하는지 써보자.

   .........................................................................

   .........................................................................

4. 이 소설에서 주인공 작은 나무의 성격을 잘 나타내주는 구절을 몇 개
   찾아보고, 그 성격을 자신의 말로 다시 써보자.

   .........................................................................

   .........................................................................

5. 이 소설에서 가장 감명 깊은 장면을 하나 골라 짧게 써보자.

   .........................................................................

   .........................................................................

## 4단계: 통찰

동일화와 카타르시스, 표출 다음의 네 번째 과정으로 통찰이 이어진다. 통찰이란 반응력 빈곤에 시달리는 나 자신의 실상을, 소설의 주인공을 통해 보다 더 객관적으로 보고, 보다 더 객관적으로 인식하는 과정이다.

이렇게 주인공 작은 나무를 통해서 전혀 반응하지 못하는 자기 자신의 실상을 확실하게 인식한 다음에는, 그것을 다음과 같은 질문에 대한 답으로 정리해두는 것이 좋다.

1. 내가 현재 심각할 정도로 무반응인 삶의 영역은 어느 부분인가?

   ..................................................................................

   ..................................................................................

2. 내가 현재 겪는 반응력 상실의 문제는 어디에서 비롯한 것이라 생각하는가?

   ..................................................................................

   ..................................................................................

3. 내 반응력 중 어떤 부분을 더욱 계발하고 싶은가?

   ..................................................................................

   ..................................................................................

위의 세 가지 질문에 답하는 것 자체만으로도 자신을 보다 가까이에서 이해하는 것이고, 그것만으로도 5차원 독서치료는 출발점에 이를 수 있다.

### 5단계: 적용

동일화와 카타르시스, 표출, 그리고 통찰 다음에 마지막으로 적용 과정이 뒤따른다. 주인공인 작은 나무에게서 다른 것은 배울 게 없더라도, 반응력에 관련한 부분만은 자신의 삶에 적용하려고 노력해야 한다. 그래야 독서치료가 이뤄지기 때문이다.

### ③ 이기적 삶과 독서치료

심력 중 항상 나 위주의 이기적 삶을 사는 것 때문에 자책하는 사람, 남 중심의 삶을 살아본 적 없이 항상 자신만을 중심으로 살아가는 것 때문에 자책하는 사람이라면, 좋은 독서 자료 중 하나가 장 지오노의 소설《나무를 심은 사람》이다.

항상 자신만 생각하고 남에게는 별 관심이 없는 자신의 이기성을 염두에 두고 이 소설을 읽다 보면, 황폐해진 마을을 두고 떠나는 마을 사람들에게서 나 자신의 모습을 발견할 것이다. 그리고 주인공인 노인을 보고 나도 그처럼 남 중심으로 살아야겠다는 결심을 하면서 독서치료가 시작된다.

이런 각도에서 이 소설을 살펴보기로 하자. 화자인 나는 프로방스 지방으로 뻗어 내린 알프스 산악 지대를 걸어서 여행하다가 수만 그루의 나무를 심으며 혼자 살아가는 양치기 '엘제아르 부피에'를 만난다. 그는 황폐한 땅에 생명을 불어넣기 위해 몇십 년 동안 양을 키우고, 벌을 치면서 나무를 심어왔다. 나무를 심은 지 40년 후, 황무지는 거대한 숲이 되고, 마을이 생기고, 웃음이 돌아온다. 그리고 두 차례의 세계대전으로 인간을 믿지 못하게 된 화자 역시 엘제아르 부피에에게서 희망을 얻는다. 엘제아르 부피에는 몇십 년 동안 자신의 신념을 굽히지 않고, 그것을 어떤 이념으로도 겉치레하지 않으며 나무를 심어 기적을 만들어낸다.

## 1단계: 동일화

이 소설이 이기적 삶을 살아가는 사람에게 좋은 독서치료 자료가 되는 것은, 주인공이 변함없이 남을 위해 묵묵히 나무를 심는 것을 보며 그 모습을 닮고 싶은 동일화를 경험하기 때문이다.

## 2단계: 카타르시스

동일화 다음은 카타르시스 과정으로, 남 중심의 삶을 살지 못하는 나 자신의 이기심을 소설 속 주인공을 통해 해소한다.

## 3단계: 표출

카타르시스 과정 다음에는 표출 과정이 뒤따르는데, 표출이란 마음을 글로 구체적으로 표현하는 것이다. 즉 나와는 다르지만 닮고 싶고 배우고 싶은 그 사람과 동일화해 그에 대해 느낀 점을 독후감식으로 쓰는 것이다. 다음에 제시한 질문은 이러한 표출 과정에 도움을 준다.

1. 엘제아르 부피에와 마을을 떠난 사람들과 어떤 차이가 있는지 써보자.

   ..................................................................................................................
   ..................................................................................................................

2. 엘제아르 부피에는 어떤 마음으로 나무를 심었을지 엘제아르 부피에가 되어 써보자.

   ..................................................................................................................
   ..................................................................................................................

3. 엘제아르 부피에를 다른 사람에게 소개한다면 어떻게 말할지 간단하게 써보자.

   ..................................................................................................................
   ..................................................................................................................

4. 내가 만일 사하라 사막에 있다면, 나는 거기에서 무엇을 할 수 있을지 상상해서 써보자.

..................................................................................................

..................................................................................................

5. 엘제아르 부피에는 행복했을지 생각하며 그 이유를 적어보자.

..................................................................................................

..................................................................................................


## 4단계: 통찰

동일화와 카타르시스, 표출 다음에는 네 번째로 통찰 과정이 이어진
다. 통찰이란 남 중심의 삶을 살지 못하는 나 자신의 이기적 속성을 객
관적으로 냉철하게 바라보는 것을 말한다. 이러한 통찰 과정에서는 다
음과 같은 질문이 큰 도움이 된다.

1. 내가 현재 나 자신만을 위해서 살고 있는 삶의 영역은 어느 부분인가?

..................................................................................................

..................................................................................................

2. 나는 내 이기적 삶, 나밖에 모르는 삶의 태도가 어디에서 비롯된 것이
   라고 보는가?

..................................................................................................

..................................................................................................

3. 내가 남 중심의 삶을 살기 위해서 작지만 할 수 있는 일은 무엇인가?

...............................................................................................................

...............................................................................................................

## 5단계: 적용

통찰에 이어 적용 과정이 뒤따른다. 소설 속 엘제아르 부피에의 남
중심적 삶의 태도를 그대로 자신의 삶에 적용하도록 노력하면 된다.

# 2

## 지력과 독서치료

### ① 지식의 무력함과 독서치료

개인이 알고 있는 지식은 가치로 따지자면 중립적이다. 달리 말하면 가치가 있는지 없는지 확실히 알 수 없다. 이 지식이 의미를 가지려면 개인 내에 머무르는 것이 아니라 다른 사람 혹은 사회, 세계와 소통해야 한다.

인간이 알 수 있는 지식의 정도는 지능 또는 환경에 따라 크게 차이 나겠지만, 그에 앞서 우리가 알고 있는 것을 바로 활용하고 있는지 알아야 한다. 자꾸 알려고만 하는 의지를 보이기보다는 알고 있는 것을 삶에 녹이는 방법을 궁리해야 한다.

지식은 많으나 그 지식의 의미를 몰라 고뇌하는 사람도 있고, 오히려 너무 잘 알아 혼란스러워하는 경우도 있다. 그럴 때 적합한 소설 중 하나가 심훈의《상록수》이다. 이 작품에서는 행동하는 지성에 대해 줄곧 이야기한다. 그리하여 지식을 맹신하거나 지식을 무시하는 어리석음에서 빠져나와 바른 지력을 회복하는 여정에 들어서도록 돕는다. 이 소설을 읽다 보면, 역시 바른 지식인으로 살아가는 두 주인공에게 감정적인 동질감과 정서적인 애정을 느낀다. 소설의 대략적 줄거리는 다음과 같다.

청석골의 '채영신'과 한곡리의 '박동혁'은 어느 신문사가 주최한 계몽운동에 참여한 것이 인연이 되어 사랑하는 사이가 된다. 학교를 졸업한 후 박동혁은 한곡리로, 채영신은 청석골로 내려가 농촌 운동에 헌신한다. 온갖 시련과 고난으로 심신이 극도로 쇠약해진 영신은 어느 날 박동혁이 있는 한곡리에 가서 며칠 동안 휴식을 취한다. 영신과 동혁은 서로 자리를 잡을 때까지 3년만 기다렸다가 결혼하자고 약속한다. 영신은 교회 건물을 빌려 야학을 하는데, 주재소에서는 80명 정원제를 강요한다. 영신은 새 학원을 짓기 위해 모금을 한다. 지친 영신은 학원 낙성식 날 맹장염으로 졸도해 수술을 받고, 급히 찾아온 동혁의 간호를 받는다.

동혁이 다시 한곡리로 돌아와보니 고리대금업을 하는 강기천이 동혁의 농우회원을 매수해 그의 운동을 방해하고 있었다. 화가 난 동혁의 아우 동화가 회관에 방화를 하고 도망치자 동혁이 대신 잡혀가게 되는데, 그가 다시 풀려 나와 청석골에 가보니 병이 났던 영신은 동혁을 애타게 부르다가 이미 숨을 거둔 뒤였다. 동혁은 자기가 죽는 날까지 영신이 못다 한 일을 해낼 것을 다짐하며 슬픔 속에 새로운 각오를 안고 한곡리로 돌아간다.

### 1단계: 동일화

이 소설의 주인공 영신과 동혁은 적극적으로 자신의 지식을 활용해 사회를 개혁하기 위해 애쓴다. 알고 있는 지식마저 활용하지 못해 의욕 없이 지내는 내 처지를 생각하며 이 소설을 읽다 보면 이들 인물에게 감정적인 동조를 느낀다. 이러한 동일화 과정을 거치면서 자신의 처지를 객관적으로 볼 수 있다.

### 2단계: 카타르시스

그다음으로 기존의 생각이나 아픔이 정서적으로 해소되는 카타르시스 과정이 뒤따르고, 속에 있는 응어리를 감정을 통해 터뜨린다.

### 3단계: 표출

다음에는 터뜨린 응어리를 글로도 구체적으로 적어보는 것이 좋은데, 이것이 바로 표출 과정이다. 즉 지식을 건강하게 사용하는 주인공을 보면서 내 생각과 느낌을 분출한다. 다음의 질문은 그러한 표출 과정에 도움이 될 것이다.

1. 주인공의 생각과 행동 중 본받을 만한 점이 있다면 써보자.

   ......................................................................................................

   ......................................................................................................


2. 두 주인공이 농촌 계몽운동을 하면서 가장 힘들어한 점이 무엇인지 찾아보자.

   ......................................................................................................

   ......................................................................................................


3. 두 주인공을 방해하는 사람들에게는 어떤 생각이 드는지 써보자.

   ......................................................................................................

   ......................................................................................................


4. 지식의 힘이란 진정 어떠한 것이어야 하는지, 자신의 경험에 비추어 간략히 적어보자.

   ......................................................................................................

   ......................................................................................................


5. 내가 존경하는 사람은 누구인지 생각해보고, 그분을 글로 소개하자.

   ......................................................................................................

   ......................................................................................................

## 4단계: 통찰

통찰이란 나 자신의 문제, 지식의 무력함에 빠진 나 자신의 파괴된 모습을 소설 속 인물을 통해서 좀 더 객관적으로 인지하는 과정을 말한다. 즉 이 소설의 주인공을 통해 나 자신의 실상을 바로 보면서 독서치료는 본궤도에 오른다. 이런 측면에서 현재 나 자신의 모습을 더욱 확실하게 인식하는 계기가 되는 다음 질문은 통찰 과정에 큰 도움을 준다.

1. 내가 현재 현실과의 괴리를 느끼는 삶의 영역은 어느 부분인가?
   ................................................................................................
   ................................................................................................

2. 내가 지식을 무기력하게 활용하고 있다면 그러한 삶의 태도가 어디에서 비롯된 것이라고 보는가?
   ................................................................................................
   ................................................................................................

3. 내가 갖춘 지식을 긍정적이고 건설적으로 활용하기 위해 지금 할 수 있는 일은 무엇인가?
   ................................................................................................
   ................................................................................................

## 5단계: 적용

통찰 단계 후에는 적용을 해야 한다. 그래야 제대로 된 독서치료의 효과를 거둘 수 있다. 소설 속 주인공의 건설적인 삶의 방식이 자신의 삶에 유입되도록 길을 열어주어야 한다.

# 3

# 체력과 독서치료

## ❶ 신체장애와 독서치료

신체장애 때문에 항상 좌절하고 열등감을 느끼는 사람이라면, 닉 부이치치의《닉 부이치치의 허그》를 독서치료 자료로 선정해 독서치료 과정에 입문하는 것도 좋다. 세상은 신체장애라는 이유 하나만으로 신체장애인을 놀리고 무시하고 억압한다. 이런 경우 닉 부이치치의 자전적인 글이 독서치료에 아주 좋은 자료가 된다. 즉 신체장애 때문에 억압받는 나 자신을 염두에 두고 이 소설을 읽다 보면 주인공 '닉 부이치치'에게 동질감·유대감·소속감을 느끼면서 독서치료 과정에 들어설 수 있다.

주인공 닉 부이치치는 팔다리 없이 태어난 호주 청년으로, 책에는 그가 온갖 난관과 장애를 딛고 일어선 경험이 담겨 있다. 태어난 직후부터 그의 삶은 한없이 절망적이었다. 팔다리가 없어 아이들에게 '괴물'

이나 외계인 같다는 놀림을 받아 세 번이나 자살을 시도하기도 했다. 그런 그가 절망 가운데 마침내 다시 일어설 수 있다는 희망을 찾으면서부터 인생이 송두리째 뒤바뀐다. 이제 그는 닭발처럼 생긴 발가락 두 개로 높은 다이빙대 위에서 뛰어내리고, 스케이트보드를 타고, 서핑을 하고, 드럼을 연주하고, 수많은 이들과 트위터를 하고, 컴퓨터를 하고, 휴대폰을 하고, 글을 쓴다. 닉 부이치치는 세상 누구보다 커다란 장애를 안은 채 태어났지만, 지금은 세상 누구보다 멋진 인생을 살고 있다.

이 책은 주인공이 신체장애로 겪은 아픔과 절망, 그리고 그것을 뛰어넘어 행복을 누리고 전하기까지의 과정을 생생하게 그려냈다. 절망을 희망으로, 실패를 기회로, 한계를 비전으로 만들어낸 그의 이야기가 삶을 힘겨워하는 사람들에게 용기를 선사한다. 태어나면서 지금까지 그가 살아온 이야기와 생각을 솔직하고 위트 있게 담아내 장애인과 장애에 대한 편견을 가진 사람들을 부끄럽게 하고, 그것을 넘어서게 만든다. 그리고 장애가 있는 사람에게 '장애가 있는 나만이 할 수 있는 일이 있다'는 사실을 일깨워준다.

### 1단계: 동일화

이 글에서 닉 부이치치는 신체장애로 온갖 어려움을 겪는다. 그런데 책을 읽어가던 중 자신도 신체장애가 있다는 이유만으로 주위에서 상처를 받거나 어려움을 당한 일이 생각나면서 닉 부이치치에게 일종의 감정적 유대감을 느끼면서 동일화가 일어나고, 이를 통해 독서치료가 시작된다.

## 2단계: 카타르시스

동일화 다음은 카타르시스 과정인데, 이 과정은 안에 있는 응어리를 밖으로 감정적으로 터뜨림으로써 정화된다.

## 3단계: 표출

그에 이어 표출 과정이 뒤따른다. 이 글의 주인공 닉 부이치치를 신체장애 때문에 어려워하는 나 자신과 동일화해 닉 부이치치가 하고 싶은 말, 속에 지니고 있던 말, 진정으로 토해놓고 싶던 말을 나 자신의 말로 바꾸어 적어본다. 다음 질문은 표출 과정에 도움이 되는 요긴한 질문이다.

1. 닉 부이치치가 지금의 모습과 상황이 되기까지 애쓴 것들을 찾고 정리해보자.

   .............................................................................................

   .............................................................................................

2. 닉 부이치치가 긍정적이고 건설적으로 살 수 있게 된 바탕에는 어떤 것들이 있는지 써보자.

   .............................................................................................

   .............................................................................................

3. 닉 부이치치는 신체장애를 극복한 힘을 무엇이라고 말하는지 써보자.

.........................................................................................

.........................................................................................

4. 닉 부이치치의 글 중에서 가장 큰 감동을 받은 내용은 무엇인지 써
보자.

.........................................................................................

.........................................................................................


## 4단계: 통찰

통찰이란 책에서 자신과 유사한 상황에 놓인 주인공을 통해 나 자신
의 문제와 상황을 보다 객관적이고 실체적으로 인식하는 과정을 말한
다. 더 나아가 주인공 닉 부이치치를 통해 신체장애로 힘들어하는 나
자신의 모습을 더욱 확실하게 인식하는 것을 말한다. 다음 질문은 그러
한 통찰 과정을 더 분명히 할 수 있도록 도와준다.

1. 내가 현재 신체장애나 정신장애를 겪는 것은 어느 부분인가?

.........................................................................................

.........................................................................................

2. 내가 가지고 있는 신체장애 또는 정신장애가 어디에서 비롯된 것이라고 보는가?

........................................................................................

........................................................................................

3. 내가 지금 겪는 신체장애 또는 정신장애를 넘어 하고 싶은 일이 있다면 무엇인가?

........................................................................................

........................................................................................


## 5단계: 적용

동일화와 카타르시스와 표출, 통찰 다음에는 적용 과정이 뒤따른다. 아무리 신체장애가 있다고 해도 주인공 닉 부이치치가 취한 긍정적인 방식으로 삶을 유도하도록 애쓴다.

# 4

## 자기관리 능력과 독서치료

**①  직업 문제와 독서치료**

자기관리 능력 중 직장 문제, 직업 문제로 갈등하는 경우는 어니스트 헤밍웨이의 소설 《노인과 바다》로 독서치료를 시작하면 도움이 된다. 직업 문제 또는 직업상 장인 정신 문제로 항상 힘들어하는 나 자신을 염두에 두고 이 소설을 읽다 보면 주인공인 '노인'에게 나름 동지 의식을 느낄 것이다. 어부인 주인공은 물고기를 잡지 못해 한계에 부딪히기 때문이다.  내용은 다음과 같다.

84일간 고기를 한 마리도 잡지 못했던 노인이 85일째 되는 날 바다에서 아주 커다란 고기를 잡지만, 오는 길에 상어에게 모두 살을 뜯기고 뼈만 남는다. 하지만 여전히 노인은 절망하지 않는다. 그리고 소년과 다시 바다에 나갈 약속을 하면서 편안히 잠을 잔다. 그리고 사자 꿈을 꾼다.

### 1단계: 동일화

소설의 주인공 노인은 숙련된 어부이지만, 실패를 거듭하며 한계에 부딪혔다. 이런 주인공에게 감정적인 애정을 느끼다 보면 주인공의 태도·사고방식·행동이 나 자신의 것인 양 인식하면서 동일화 과정이 시작된다.

### 2단계: 카타르시스

동일화 다음에는 카타르시스 과정이 뒤따른다. 이 경우 카타르시스는 직업 정신없이 대충 때우려는 자신의 비전문적 태도를 주인공에게 빗대어, 감정적이고 정서적으로 속 시원하게 터뜨림으로써 정화되는 것을 말한다.

### 3단계: 표출

안에 있던 응어리를 밖으로 터뜨린 다음에는 표출 과정으로 들어간다. 즉 소설의 주인공은 거듭해서 실패를 경험한다. 나도 그런 상황에 맞닥뜨렸으니 주인공을 나 자신과 동일화해 독후감을 쓰는 것은 그리 어렵지 않을 것이다. 이것이 바로 표출 작업이다. 다음은 표출 과정에 큰 도움이 되는 질문이다.

1. 노인의 저력을 느낄 수 있는 부분은 어디인지 찾아서 써보자.

   .......................................................................................................

   .......................................................................................................

2. 소년은 노인에게 어떤 존재인지 써보자.

   .......................................................................................................

   .......................................................................................................

3. 물고기를 잡지 못하는 동안 노인의 마음은 어떠했을지 상상해서 적
   어보자.

   .......................................................................................................

   .......................................................................................................

4. 자기 일에 책임을 느끼지 못하고 나태하게 살아가는 사람들의 문제
   가 무엇인지, 자신의 경험에 비추어 써보자.

   .......................................................................................................

   .......................................................................................................

5. 자기에게 맡겨진 일에서 잃어버려도 좋은 것은 무엇인지, 잃어버리
   면 결코 안 되는 것은 무엇인지, 이 소설에 비추어 자신의 생각을 적
   어보자.

   .......................................................................................................

   .......................................................................................................

## 4단계: 통찰

아래 질문은 통찰 과정을 더 분명히 할 수 있도록 도와준다.

1. 내가 현재 직장에서 무기력증을 가장 많이 느끼는 일은 무엇인가?

   ........................................................................

   ........................................................................

2. 내가 직장에서 그러한 무기력을 느끼는 원인이 어디에서 비롯된 것
   이라고 보는가?

   ........................................................................

   ........................................................................

3. 지금 직장에서 무기력증을 겪고 있지만, 그래도 더 잘할 수 있거나 하
   고 싶은 것은 무엇인가?

   ........................................................................

   ........................................................................

## 5단계: 적용

위의 질문에 솔직하게 답하는 것만으로도 자신을 보다 더 깊이 통찰
하는 계기가 되고, 이때 5차원 독서치료는 좋은 효과를 나타낼 것이다.

## ② 재정 관리와 독서치료

자기관리 능력 중 재정 문제로 고심하거나, 가난 때문에 좌절하는 사람은 김소운의 수필《가난한 날의 행복》을 통해 가난의 의미를 살펴보는 것도 좋다. 가난 때문에 늘 의기소침하고 비굴해지고 매사에 자신 없는 자신의 모습을 마음에 두고 이 소설을 읽다 보면 주인공에게 정서적인 애정을 느끼면서 독서치료를 시작할 수 있을 것이다.《가난한 날의 행복》의 줄거리는 다음과 같다.

가난 속에서 피어난 '따뜻한 부부애'라는 공통 주제를 다룬 세 편의 에피소드로 이루어진 희곡적 수필이다. 옴니버스 소설 같은 느낌을 주는 이 글은 가난한 시절을 함께한 부부간의 소박한 사랑의 기억이 일생 동안 삶을 살아가는 데 얼마나 큰 힘이 되어주는지 잔잔하게 일깨워준다. 가난한 부부 세 쌍의 일화를 통해 삶의 진실을 이야기하며, 행복은 반드시 부와 일치하는 것이 아님을 깨닫게 한다.

### 1단계: 동일화

이 소설의 주인공은 가난 때문에 힘든 삶을 사는 인물이다. 가난에 허덕이는 사람 입장에서 읽으면, 이 소설의 주인공에게서 동질감을 느껴 그들의 상황이 자신의 상황인 듯 인식하게 된다. 이것이 동일화이다. 즉 가난에 찌든 주인공에게서 나 자신의 모습을 보는 것이다. 그러면서 가난과 빈궁과 빈곤이 나만의 문제가 아니라는 자각을 하고, 책속 주인공과 자신을 동일시함으로써 당면한 가난과 빈궁의 문제에 대한 시각이 바뀐다.

## 2단계: 카타르시스

소설 속 주인공과 마찬가지로 가난과 빈궁 문제로 괴로워하는 자신을 동일화해 그동안 가난 때문에 받은 설움과 슬픔, 아픔, 마음의 응어리를 터뜨림으로써 정화된다.

## 3단계: 표출

표출은 독후감을 써보는 것이다. 주인공에 대해 느낀 점을 글로 표현하는 것이 표출 과정이다. 다음 질문은 이러한 표출 과정에서 큰 도움이 되는 질문이다.

1. 가난이 나에게 주는 의미는 무엇인지 내 생각을 간단히 적어보자.
   .................................................................................................
   .................................................................................................

2. 첫 번째 에피소드에 나오는 남편의 배려를 정리해보자.
   .................................................................................................
   .................................................................................................

3. 두 번째 에피소드에서 볼 수 있는 아내의 지혜에서 무엇을 느꼈는지 써보자.

.......................................................................................................................

.......................................................................................................................

4. 마지막 에피소드에 나오는 아내가 남편을 기다리고 찾아가고 만나서 돌아오기까지 마음이 어떻게 변하는지 간단하게 써보자.

.......................................................................................................................

.......................................................................................................................

5. 진정한 행복은 어디에서 얻을 수 있는지 내 생각을 써보자.

.......................................................................................................................

.......................................................................................................................


## 4단계: 통찰

　이러한 질문을 통해 자신을 더 잘 보게 된 다음에는 통찰이 뒤따른다. 통찰이란 가난의 의미를 보다 객관적으로 인식하는 과정이다. 통찰 과정에서는 주인공에게서 발견한 나 자신의 모습을 다음 질문에 답하는 것으로 정리해두는 것이 좋다.

1. 가난하기 때문에 가장 힘든 일은 어떤 것인가?

   ..................................................................................................

   ..................................................................................................

2. 내 가난의 원인이 어디에서 비롯된 것이라고 보는가?

   ..................................................................................................

   ..................................................................................................

3. 가난을 겪고 있지만 그래도 내가 이겨낼 수 있도록 돕는 것이 있다면
   무엇인가?

   ..................................................................................................

   ..................................................................................................

## 5단계: 적용

이러한 동일화와 카타르시스, 표출, 통찰 다음에는 적용 과정이 이어
진다. 주인공들이 글 속에서 취한 방식으로 가난의 문제가 해결되었다
고 판단하면, 그 방식을 자신의 삶에 적용하면 된다.

## ❸ 언어 관리와 독서치료

자기관리 능력 중 늘 말 때문에 실수하고 남에게 상처를 주는 자신에게 실망하는 사람은 전래동화 《세 가지 소원》으로 한마디 말이 얼마나 큰 영향을 미치는지 되새겨보자. 즉 한마디 말 때문에 생긴 오해로 늘 좌절하는 자기 자신을 생각하며 소설을 읽다 보면 사소한 말실수 때문에 큰일을 그르치는 주인공 '부자'에게서 연민과 동정, 애정을 느낄 수 있는데, 이것이 바로 독서치료의 출발점이다. 《세 가지 소원》의 줄거리는 다음과 같다.

옛날 나그네 차림으로 길을 가던 조물주가 하룻밤 묵으려고 부잣집을 찾아간다. 부자는 나그네의 남루한 모습을 보고 청을 거절한다. 나그네는 이웃에 있는 가난한 집을 찾아간다. 그 집 주인은 나그네를 반갑게 맞아들이고 정성을 다해 대접한다. 나그네는 친절한 집주인의 세 가지 소원을 들어주어 잘살게 해준다. 이 말을 들은 부자는 나그네를 쫓아가 억지를 써서 세 가지 소원을 들어주겠다는 약속을 받아낸다. 그렇지만 부자는 너무 욕심을 부리다가 자기의 생각과 다른 엉뚱한 소원을 빌게 되고 결국 행운을 모두 날려버리고 만다.

### 1단계: 동일화

나 자신도 말을 부주의하게 해서 어려움을 겪는데, 이 이야기에서는 이미 얻은 좋은 기회를 말 한마디에 잃는 주인공 부자가 나온다. 자신과 비슷한 이야기 속 주인공에게 연대감과 동질감과 연민을 느껴 동일화가 시작되고, 독서치료가 이뤄진다.

### 2단계: 카타르시스

말실수로 힘들어하는 나와 유사한 문제로 고통당하는 이야기의 주인공 부자를 동일화해 정서적·감정적으로 응어리를 터뜨림으로써 카타르시스를 느낀다.

### 3단계: 표출

내 생각과 감정을 글로 써보는 과정으로, 다음은 이러한 표출 과정에 큰 도움이 되는 질문이다.

1. 이 이야기에서처럼 말을 잘못해 좋은 기회를 놓친 적이 있는지 자신의 경험을 써보자.

   ....................................................................................

   ....................................................................................

2. 가난한 사람과 부자는 똑같은 기회를 두고 어떻게 다르게 행동했는지 그 과정을 각각 써보자.

   ....................................................................................

   ....................................................................................

3. 내가 만일 부자였다면 세 가지 소원으로 무엇을 말했을지 써보자.

   ...................................................................................

   ...................................................................................

4. 말이란 꼭 필요한 것인가? 아니면 오히려 없어야 하는 것인가? 자신
   의 의견을 써보자.

   ...................................................................................

   ...................................................................................

5. 말실수를 하지 않는 좋은 방법을 생각해보자.

   ...................................................................................

   ...................................................................................


## 4단계: 통찰

　말 때문에 늘 후회하고 괴로워하는 나 자신을, 부자를 통해 객관적으
로 인식하는 과정이다. 더 나아가 주인공을 통해 나 자신의 모습을 더
욱 확실하게 인식한 후에는 다음과 같은 질문에 답하는 것으로 정리해
두는 것이 좋다.

1. 나는 어떤 말실수를 자주 하는가?

..............................................................................................................

..............................................................................................................

2. 내가 말실수를 자주 하는 근본 원인은 어디에서 비롯한 것인가?

..............................................................................................................

..............................................................................................................

3. 내가 말실수를 했을 때 어떤 태도를 취해야 하는가?

..............................................................................................................

..............................................................................................................


## 5단계: 적용

동일화와 카타르시스와 표출, 통찰 다음에는 말실수를 줄이는 방법을 실제로 적용하는 과정이 필요하다.

# 5

## 인간관계 능력과 독서치료

### ① 인식의 문제와 독서치료

인간관계 중 사람과의 생각 차이로 갈등하는 사람은 안도현의《연어》
를 택해 독서치료를 시작하는 것이 좋다. 생각 차이로 다른 사람과 갈
등을 겪는 사람이라면 주인공 '은빛 연어'에 동질감과 애정을 느끼면
서 독서치료 효과를 기대할 수 있을 것이다.

외톨이인 은빛 연어가 자신과 삶을 찾아간다는 주제로 줄거리가 전
개된다. 이 동화의 주인공은 등이 검푸른 다른 연어와 달리 유독 자신
의 등만 은빛이라 연어들에게 따돌림을 당한다. 이렇게 외롭고 생각 많
은 은빛 연어 옆에서 보살펴주고 아껴주는 누나가 있었는데, 그 누나마
저 은빛 연어 대신 죽음을 맞이한다.

은빛 연어는 알래스카 근처에서 불곰에게 희생될 뻔한 자신을 구해
준 눈 맑은 연어와 사랑에 빠진다. 그리고 연어에게는 연어의 길이 있

다며 쉬운 길을 마다하고, 힘겹게 폭포를 건넌 아버지에 대해서 알게
된 후 눈 맑은 연어와 함께 연어의 숙명인 강 거슬러 오르기를 시작한
다. 은빛 연어는 꼬마와 카메라를 든 인간을 보면서 연어를 위에서 바
라보는 인간을 연어와 자연의 적이라 여겼던 생각을 버린다. 그리고 결
국 고향에 도착해 알을 낳고 일생을 마감한다.

### 1단계: 동일화

작품을 읽다 보면 다른 이들과 다르다는 이유로 따돌림당하는 은빛
연어와 동일화가 이루어진다.

### 2단계: 카타르시스

그에 이어 은빛 연어가 자신과 삶을 찾아가는 과정을 통해 카타르시
스를 경험한다.

### 3단계: 표출

자신의 생각과 느낌을 표출하는 과정에서 다음 질문은 요긴한 도움
을 준다.

1. 은빛 연어가 강으로 거슬러 올라가면서 어떤 생각을 했는지 간단하게 정리해보자.

   .............................................................................................................

   .............................................................................................................

2. 주위에 눈 맑은 연어 같은 존재가 있다면 소개해보자.

   .............................................................................................................

   .............................................................................................................

3. 다른 사람들과 의견이 충돌해 부딪칠 때 나는 어떻게 하는가? 바람직한 방법이 있다면 써보자.

   .............................................................................................................

   .............................................................................................................

4. 자연과 인간은 어떤 관계인지 간단히 써보자.

   .............................................................................................................

   .............................................................................................................

5. 연어가 자기가 태어난 고향인 강으로 돌아가는 것처럼 자신에게도 가야 할 길이 있을 것이다. 그 길이란 무엇인지 적어보자.

   .............................................................................................................

   .............................................................................................................

## 4단계: 통찰

소설 속 주인공인 은빛 연어를 통해 그와 유사한 고민으로 갈등하는 나 자신의 모습을 더욱 확실하게 보는 과정이다. 통찰 과정에서 다음 질문에 독서참여자 자신의 말로 답해 정리해두는 것이 좋다.

1. 내 의견이나 생각이 다른 사람하고 가장 많이 부딪치는 영역은 어떤 부분인가?

   .....................................................................................................

   .....................................................................................................

2. 내가 어떤 부분에 대해 고수하려고 할 때, 그러한 의지가 어디에서 비롯된 것이라고 보는가?

   .....................................................................................................

   .....................................................................................................

3. 나 자신의 생각 중 꼭 지켜야 할 가치가 있다면 무엇인가?

   .....................................................................................................

   .....................................................................................................

## 5단계: 적용

동일화와 카타르시스, 표출, 통찰 다음에는 실제 삶에서 적용·실천

하는 과정을 따라가면 된다.

## ② 가족에게 받은 상처와 독서치료

인간관계 능력 중 성장기에 가족에게 상처를 받아 자의식에 문제가 생긴 사람은 김소진의 소설《자전거 도둑》을 통해 독서치료의 첫걸음을 내디뎌보자. 성장기에 가까운 가족에게 받은 마음의 상처를 해결하지 못하고 흔들리는 나 자신을 돌아보며 이 소설을 읽다 보면 주인공 '나(김승호)'에 애정을 느끼면서 독서치유가 시작될 것이다.

《자전거 도둑》은 신문기자인 나와 에어로빅 강사인 서미혜, 그리고 영화 〈자전거 도둑〉이 현재-과거-현재로 이어지면서, 그 속에서 발생한 유년기의 내면적 상처를 중심으로 이야기가 전개되는 작품이다. 이 작품 제목과 같은 이름의 이탈리아 영화 속 상황은 나에게 아픈 기억을 불러일으키는데, 영화 속 상황이 혹부리 영감에게 수모를 당하던 무능한 아버지를 연상시키기 때문이다. 서미혜 역시 영화 속에서 자전거를 훔친 사실이 발각되자 간질을 일으키는 젊은 청년과 간질 환자이던 오빠를 동일시하면서 그의 죽음에 대한 자책감에 젖는다. 이 소설의 줄거리를 요약하면 다음과 같다.

나는 어느 날, 누군가가 자신의 자전거를 훔쳐 타고 있다는 사실을 발견한다. 끈질긴 추적 끝에 범인을 잡는데, 범인은 바로 아파트 위층에 사는 에어로빅 강사 서미혜임을 알게 된다. 그런데 나는 서미혜가 왜 나의 자전거를 훔쳐 타는지 호기심이 생긴다. 나는 이탈리아 영화

〈자전거 도둑〉 속 안토니오 부자父子를 보면서 아버지에 대한 기억을 떠올리는데, 아버지는 소주 두 병 때문에 내 앞에서 혹부리 영감에게 수모를 당했다.

한편 나는 자전거 도둑인 서미혜를 만나고, 그의 집에 가 함께 〈자전거 도둑〉을 보며 옛 기억에 잠긴다. 나는 아버지가 수모당한 것을 본 후 하수구를 통해 혹부리 영감의 가게에 침입해 엉망진창을 만들어놓고 똥까지 싸놓는다. 이에 충격을 받은 혹부리 영감은 얼마 후 죽는다.

서미혜는 나에게 오빠 이야기를 한다. 서미혜 오빠는 간질병 환자이며, 그에게 밥을 주지 않아 죽었다는 것이다. 그 후 나는 서미혜가 나의 자전거가 아닌 다른 사람의 자전거를 타고 있는 모습을 목격한다.

이 소설의 주인공 나는 어릴 때 아버지에게 많은 상처를 받은 인물이다. 그가 성장기에 아버지에게 받은 상처를 묘사한 구절을 읽다 보면, 주인공의 태도·사고방식·행동에서 어쩐지 나와 같다는 친밀감이 느껴진다.

## 1단계: 동일화

소설 속 나를 통해 역시 성장기에 가족에게 상처를 많이 받은 나의 모습을 보면서, 그 상처 때문에 생긴 문제를 더욱 분명하게 인식한다. 이것이 동일화이다.

### 2단계: 카타르시스

동일화 다음에는 카타르시스 과정이 뒤따른다. 어린 시절 아버지에게 상처를 받고, 어른이 된 후에도 그 상처를 치유받지 못해 괴로워하는 주인공에게 소설을 읽고 있는 자신을 빗대어 나 자신의 응어리를 감정적으로 터뜨림으로써 정화되는 것을 말한다.

### 3단계: 표출

그다음은 독후감을 써보는 표출 과정인데, 다음은 이러한 표출 과정에서 많은 도움을 주는 질문이다.

1. 자전거 도둑이 바로 위층에 사는 에어로빅 강사 서미혜임을 알았을 때, 주인공의 반응을 묘사한 구절을 다시 한번 읽고 그 구절을 자신의 말로 써보자.

   ..........................................................................................................

   ..........................................................................................................


2. 왜 서미혜는 간질병에 걸린 오빠를 죽게 했을지 생각해보고, 서미혜가 그렇게 행동한 이유를 써보자.

   ..........................................................................................................

   ..........................................................................................................

3. 서미혜가 어린 시절 오빠에게 받은 상처를 묘사한 구절을 다시 읽어
   보고, 그 상처를 구체적으로 써보자.

   .................................................................................
   .................................................................................

4. 유년기에 가족에게 받은 상처가 있다면 이를 생각해보고, 그 상처의
   양상을 써보자.

   .................................................................................
   .................................................................................

5. 아버지에게 상처를 준 혹부리 영감을 죽게 한 주인공 나의 태도를 그
   의 입장에서 변명해보자.

   .................................................................................
   .................................................................................

6. 《자전거 도둑》의 내용을 간략히 요약해보자.

   .................................................................................
   .................................................................................

7. 서미혜가 주인공인 나의 자전거를 타지 않고 다른 사람의 자전거를
   타고 있는 모습을 보았을 때, 나의 마음을 나타내는 구절을 다시 한번
   읽고 그 구절을 요약해보자.

   .................................................................................
   .................................................................................

## 4단계: 통찰

　앞서와 마찬가지로 동일화와 카타르시스, 표출 다음에는 통찰의 과정이 뒤따른다. 통찰이란 나의 상처를 치유하지 못해 방황하는 나를 객관적으로 인식하는 과정이다. 더 나아가 주인공인 나를 통해 같은 상처를 입은 자신의 모습을 더욱 확실하게 인식할 수 있게 된 후에는, 그것을 다음과 같은 질문에 독서참여자의 말로 답하는 것으로 정리해두는 것이 독서치유 효과를 높인다.

1. 성장기에 가족에게 받은 내면의 상처는 무엇인가?

......................................................................................................................

......................................................................................................................

2. 성장기에 가족에게 받은 상처를 아직도 치유하지 못하는 근본 원인은 무엇이라고 생각하는가?

......................................................................................................................

......................................................................................................................

3. 성장기에 가족에게 받은 상처 때문에 지금까지 겪고 있는 역기능은 무엇인가?

......................................................................................................................

......................................................................................................................

## 5단계: 적용

이 질문 다음으로는 적용 과정이 뒤따른다. 소설 주인공이 취한 방식 덕분에 가족에게 받은 상처가 치유되었다면, 그 방법을 나의 삶에도 적용하면 된다. 반면 주인공들이 소설 속에서 취한 방식으로 상처가 더욱 악화되었다면 그 방식이 나의 삶에 유입되지 않도록 주의한다.

### ③ 가족 간의 갈등과 독서치료 1

인간관계 능력 중 가족 사이에서 갈등을 겪거나 상처를 입어 자의식에 문제가 생긴 사람은 박완서의 《옥상의 민들레꽃》을 통해 독서치료를 시작해보자. 성장기에 가까운 가족에게 받은 마음의 상처를 해결하지 못하고 힘들어하는 나 자신을 생각하며 이 소설을 읽다 보면 주인공 '나'에게 나름대로 정서적인 동질감을 느끼면서 독서치료를 시작할 수 있다.

가족 간에 받은 상처의 치유에 효과적인 독서 자료인 《옥상의 민들레꽃》은 물질을 추구하는 어른의 비인간적인 어리석음을 어린아이의 눈을 통해 고발한 작품이다. 줄거리를 보면 다음과 같다.

누구나 그곳에서 살면 행복해질 거라고 부러워하는 궁전 아파트 베란다에서 할머니가 둘씩이나 떨어져 자살한다. 아파트값이 하락할 것을 두려워하여 주민들이 모여 대책을 협의하는 자리에 막내아들인 나는 엄마를 따라 참석한다. 모두 한마디씩 하며 의견이 분분하기만 한

데 대책을 찾지 못한다. 그런데 나는 묘안을 알고 있다. 그것은 베란다에 민들레꽃을 심는 것이다. 어느 때인가 나도 죽고 싶어 아파트 옥상에 올라갔지만 민들레꽃을 발견하고 부끄러운 마음에 내려온 적이 있기 때문이다. 그러나 어른들은 어린 나에게 말할 기회를 끝내 주지 않는다.

### 1단계: 동일화

소설의 주인공 나는 어릴 때 어머니의 말실수로 상처를 크게 받았다. 그가 받은 상처를 묘사한 장면을 읽다 보면 주인공에게 친밀함을 느끼며 동일화가 일어난다. 즉 소설 속 나를 통해 성장기에 가족에게 상처를 많이 받은 나 자신을 발견하고, 자신의 상처 문제를 더욱 분명하게 인식한다.

### 2단계: 카타르시스

동일화 다음에는 카타르시스 과정이 뒤따른다. 어린 시절에 상처를 받고 속상해하던 주인공과 같은 생각과 느낌으로 감정의 찌꺼기를 해소한다.

### 3단계: 표출

이러한 카타르시스를 겪은 다음에는 독후감을 쓰는 표출 과정이 뒤따르는데, 다음 질문은 이러한 표출 과정에 도움을 줄 수 있다.

1. 자살한 할머니들의 죽음이 알려지는 것을 막으려는 동네 사람들에
   대해 나는 어떻게 생각하는지 간단히 써보자.
   ..................................................................................................
   ..................................................................................................

2. 내게 이 소설에 나오는 민들레꽃 같은 존재는 무엇인지 소개해보자.
   ..................................................................................................
   ..................................................................................................

3. 내가 가족에게 준 상처가 있다면 한 가지만 써보자.
   ..................................................................................................
   ..................................................................................................

4. 가족 사이의 갈등은 나쁜 것인가? 그렇지 않다면 어떤 장점이 있을
   까? 자신의 의견을 적어보자.
   ..................................................................................................
   ..................................................................................................

5. 이 소설에 나오는 민들레꽃이 뜻하는 것은 무엇인지 써보자.
   ..................................................................................................
   ..................................................................................................

## 4단계: 통찰

주인공인 나를 통해 같은 상처를 입은 나 자신의 모습을 더욱 확실하게 인식한다. 그런 다음 그것을 다음과 같은 질문에 독서참여자 자신의 말로 답하는 것으로 정리해두는 것이 독서치료 효과를 높이는 데 도움이 된다.

1. 성장기에 가족에게 받은 내면의 상처는 어떤 것인가?

   ...........................................................................................................

   ...........................................................................................................

2. 성장기에 가족에게 받은 상처를 아직도 치유하지 못하는 근본 원인이 어디에 있다고 생각하는지 써보자.

   ...........................................................................................................

   ...........................................................................................................

3. 이러한 과거의 상처를 극복하기 위해 나는 무엇을 할 수 있는지 써보자.

   ...........................................................................................................

   ...........................................................................................................

## 5단계: 적용

    소설의 주인공이 취한 방식으로 가족에게 받은 상처가 해결되었다면, 그것을 그대로 나의 삶에 적용하면 된다. 반면 주인공이 취한 방식으로 상처가 악화되었다면 그 방식이 나의 삶에 유입되지 않도록 주의한다.


### ④ 가족 간의 갈등과 독서치료 2

가족 관계와 관련한 소설을 한 가지 더 예를 들어보면 신경숙의 《감자 먹는 사람들》을 꼽을 수 있다. 이를 독서 자료로 삼아 책 읽기를 통한 가족 관계 갈등을 해결하는 것도 좋을 듯하다. 흔들리는 나의 가족관, 가족에게 그저 형식적으로 대하는 나, 가족에게 늘 짐이 되고 상처만 주는 자신에게 초점을 맞춰 소설을 읽으면 주인공 '나'에게 감정이 이입될 것이다.

    《감자 먹는 사람들》은 작가의 마음을 그대로 옮긴 듯한 일인칭 서술자의 독백을 통해 '윤희 언니'라는 대상에게 자신이 겪은 사건과 그에 대한 느낌을 적은 서간체 형식의 작품이다. 형식은 편지글이지만 두 가지 측면에서 소설적 구성을 갖추었다. 첫째는 윤희 언니를 청자로 하면서도 이야기를 서술하는 당사자가 자신이 겪은 삶의 체험을 스스로 드러내려고 했다는 섬, 둘째는 내용상 아버지의 병환, 어머니의 고통 등 가족 구성원의 삶을 보여주는 서사적 내용이 전개된다는 점이다. 작가는 윤희 언니라는 상대에게 이야기를 전달하는 형식을 취함으로써 자신이 겪은 뼈아프고 고통스러운 체험을 담담하고도 사실적으로 전달하고 수용할 수 있도록 했다. 이 소설의 대략적인 줄거리는 다음과 같다.

나는 별로 유명하지 않은 가수이다. 나는 뇌 질환으로 입원 중인 아버지를 간호하면서 윤희 언니에게 편지를 쓴다. 편지는 주변에서 죽음을 둘러싸고 펼쳐지는 여러 가지 사연을 슬프면서도 담담한 어조로 그려낸다.

윤희 언니는 신혼 여섯 달 만에 위암에 걸린 남편을 5년 동안 간병하다가 끝내 남편의 임종도 지켜보지 못하고 사별해야 했다. 소아 당뇨를 앓는 세 살짜리 아이를 둔 고향 친구 유순이, 공사장 인부 일을 하다가 굴러떨어진 목재에 뇌를 맞아 어린아이가 되어버린 막노동꾼의 아내, 여섯 남매를 남부럽지 않게 키워놓고 뇌 질환 때문에 7년 동안이나 투병하는 아버지와 가족 간에 얽힌 이야기를 하나씩 소개한다.

### 1단계: 동일화

소설의 주인공 나는 병든 아버지와 가족을 부양하는 무명 가수이다. 가족 간의 사랑과 숙명적인 가족의 고통을 안고 사는 주인공 나의 상처를 묘사한 구절을 읽다 보면 유사한 상처를 지닌 나의 과거가 떠올라 주인공의 태도·사고방식·행동에 동화되면서 동일화가 일어난다. 즉 소설 주인공을 통해 역시 가족의 고통이라는 숙명을 안고 살아가는 나의 모습을 연상하면서 나와 가족의 관계를 좀 더 선명하게 인식한다.

## 2단계: 카타르시스

동일화 다음에는 주인공 가족에 대한 생각·행동·사고방식을 나 자신의 생각·행동·사고방식인 듯 일체화해 내 안에 있는 응어리를 밖으로 터뜨림으로써 정화되는 카타르시스 과정이 따른다.

## 3단계: 표출

그다음에는 독후감을 써보는 표출 과정이 이어진다. 다음은 표출 과정에 큰 도움을 주는 질문이다.

1. 병든 아버지와 가족을 경제적·정신적으로 부양하는 무명 가수인 나의 아픔이 무엇인지 그 아픔을 묘사한 구절을 다시 읽고, 그 아픔을 나의 말로 써보자.

   ......................................................................................................

   ......................................................................................................

2. 주인공이 뇌 질환으로 입원한 아버지를 간호하면서 자신과 가족의 관계를 다시 떠올린 이유는 무엇인가?

   ......................................................................................................

   ......................................................................................................

3. 아버지가 병에 걸린 이유가 자식들을 교육시키기 위해 모든 것을 다 바쳤기 때문이라는 소리를 듣고 주인공이 보인 반응을 간략히 요약해보자.

　　.................................................................................................................

　　.................................................................................................................

4. 자식들을 위해 음악에 대한 꿈마저 버린 아버지의 입장이 되어, 그 마음에 감추어두었던 것을 토해내보자.

　　.................................................................................................................

　　.................................................................................................................

5. 인간이 숙명적으로 지니고 살아가야 하는 아픔과 고통의 예를 몇 가지만 적어보자.

　　.................................................................................................................

　　.................................................................................................................

6. 윤희 언니가 주인공에게 편지를 받을 때 보인 마음의 태도를 기술한 구절을 찾아 요약해보자.

　　.................................................................................................................

　　.................................................................................................................

## 4단계: 통찰

동일화와 카타르시스, 표출 다음에는 통찰 과정이 뒤따른다. 통찰은 가족 문제로 방황하고 갈등하고 괴로워하는 나를 객관적으로 인식하는 과정이다. 더 나아가 주인공인 나를 통해 비슷한 아픔을 지닌 나 자신의 모습을 더욱 확실하게 인식한 후, 그것을 다음 질문에 답하는 방식으로 정리해두는 것이 좋다.

1. 가족과 관련해, 가족을 위해 어떤 것을 포기한 적이 있다면 그것이 무엇인지 적어보자.

   .........................................................................................................

   .........................................................................................................

2. 가족을 짊어지고 가야 할 숙명이라고 인식한다면, 그러한 인식이 당신 삶의 어떤 영역에서 비롯된 것이라고 보는가?

   .........................................................................................................

   .........................................................................................................

3. 가족과 가족의 사랑을 이해하지 못했을 때, 당신의 가정생활에서 발생하는 숙명적인 역기능은 무엇인가?

   .........................................................................................................

   .........................................................................................................

## 5단계: 적용

마지막 과정은 앞에서 살펴본 바와 같이 실제로 효과적인 해결 방법을 자신의 삶에 적용하는 것이다.

4부
—

독서는
성공을 위한
최고의 전략

# 1

## 5차원 독서치료의 구조

우리는 앞에서 실제적인 임상 결과를 바탕으로 5차원 독서치료를 살펴보았는데, 결국 5차원 독서치료의 구조는 다음과 같이 구조화된다고 말할 수 있다. 우선 도식을 살펴보자.

### 저자 쪽

A: 저자

C: 저자가 쓴 내용(책 속 인물, 상황, 또는 책 내용)

D: 저자의 인생 스토리와 저자가 쓴 내용 사이의 반응 체계

### 독서참여자 쪽

B: 독서참여자

C: 독서참여자가 읽은 내용(책 속 인물, 상황, 또는 책 내용)

D: 독서참여자의 인생 스토리와 자신이 읽은 내용 사이의 반응 체계

이를 그림으로 그려보면 다음과 같다.

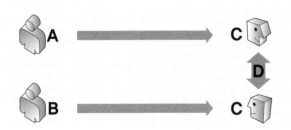

위의 그림에서 첫 번째 줄을 보자. 우선 저자는 상상력을 동원해 인물, 상황, 내용을 저술한다. 그래서 문학적 구조를 띠는 책이 된다. 독서참여자는 저자가 쓴 책을 읽으면서 인물, 상황, 내용을 접한다. 여기서 독서치료가 이루어지려면 독서참여자는 책을 읽으면서 책 속 인물, 상황, 내용을 다른 사람의 스토리가 아닌 독서참여자 자신의 스토리, 독서참여자 자신이 처한 상황, 독서참여자 자신이 처한 내용의 입장에서 읽는 훈련을 해야 한다.

즉 독서참여자 자신이 읽고 있는 책에 등장하는 인물이나 상황, 내용에 동화되어 자신이 대역해보고 상황에 자신을 대입하며 대치해보아야 한다. 이런 훈련을 거친 다음, 독서참여자로서 자신이 처한 상황을 고려해 자신이 대역, 대치, 대입해본 인물과 상황, 내용 등을 재해석해야 한다. 그런 다음 그것을 독서참여자 자신과 상황, 내용에 적용해보는 과정을 거친다.

결국 독서참여자는 책 속 인물, 상황, 책 내용과 독서참여자 자신을 동일화하는 과정으로 들어가야 하며, 그런 과정을 거쳐 도출한 결과를 독서참여자 자신이 현재 처한 상황에 맞게 해석해 삶에 적용하는 훈련을 해야 한다.

이렇게 해야 하는 이유는 저자와 책은 기계적 관계가 아니라, 유기적 관계이기 때문이다. 즉 저자는 책 속 인물이나 상황, 또는 내용을 저술하면서 어쩔 수 없이 저자 자신과 상호적인 반응 체계를 형성하기 마련이다. 이러한 반응 체계는 독서참여자와 책 사이에도 성립한다. 다시 말하면 책의 인물, 상황, 내용과 저자 자신 사이에 형성한 상호적인 반응 체계가, 독서참여자가 그 책을 읽으면서 형성한 반응 체계와 동일해야 독서치료가 이루어진다. 이것이 바로 저자와 독서참여자의 교감이다. 따라서 저자와 책의 인물, 상황, 내용이 이루어낸 반응 체계가 독서참여자에게도 동일하게 나타나도록 훈련하는 것이 독서치료에 필요한 요소이다.

즉 독서참여자가 자신이 책을 읽는 동안 그 책 속 인물, 상황, 내용과 인격적이고 역동적인 교감을 통해 자신의 다양한 정서적·상황적 문제와 갈등을 해결하고, 삶에 필요한 지혜를 얻으며, 건전한 자아상을 확립하도록 만드는 것이 저자 쪽에서 본 독서치료 구조라고 할 수 있다. 이렇게 저자 쪽에서 본 독서치료의 구조를 살펴봄으로써 독서치료 과정을 더욱 상세히 이해할 수 있다.

# 2

## 독서치료의 가치

### ① 치료적 가치

지금까지 5차원 독서치료를 심력과 독서치료, 지력과 독서치료, 체력과 독서치료, 자기관리 능력과 독서치료, 인간관계 능력과 독서치료 등으로 나누어 실제적인 임상적 예를 들어 살펴보았다. 종합해보면 5차원 독서치료는 치료적 가치, 예방적 가치, 감성적 가치, 인지적 가치 등을 지녔으며, 먼저 치료적 가치를 보면 다음과 같이 요약할 수 있다.

① 욕구불만이나 모순에 대한 환자 자신의 심리적·생리적 반응을 이해하도록 돕는다.
② 치료에 필요한 심리학 및 정신의학 분야의 용어를 이해하도록 돕는다.
③ 공포, 수치, 죄책감 때문에 항상 자유롭게 대화하지 못하는 독

서참여자에게 타인의 말을 통해 자신의 문제를 표현하도록 돕는다.

④ 상담 시 독서참여자가 건설적으로 사고한다든지 자신의 태도나 행동 양식을 더욱 깊이 분석하거나 종합하도록 돕는다.

⑤ 교훈이나 실례에 따라 사회적·문화적 행동 양식을 알리고 어린 아이와 같은 행동 양식을 억제한다.

⑥ 여러 가지 만족이나 흥미를 느끼는 범위를 풍부하게 하는 상상력을 촉진한다.

## ❷ 예방적 가치

① 자아 형성을 돕는다.

② 인간 행동에 대한 이해와 동기를 유발한다.

③ 진정한 자기평가 능력을 계발한다.

④ 자기 자신 외의 일에 관심과 흥미를 유발한다.

⑤ 정서적·정신적 압박감을 완화한다.

⑥ 유사한 문제를 가진 타인에 대해 동료 의식을 느끼게 한다.

⑦ 다양한 해결 방법의 가능성을 제시한다.

⑧ 자유로운 토론을 위해 열린 마음을 유도한다.

⑨ 문제를 해결하기 위해 보다 건설적이며 적극적인 행동 계획을 수립한다.

**3** 감성적 가치

① 동정심을 유발한다.

② 적극적인 태도를 기른다.

③ 인격적이며 사회적 적응 능력을 키운다.

④ 긍정적 자아상을 확립하도록 한다.

⑤ 정서적 압박감을 해소한다.

⑥ 새로운 흥미와 관심을 유발한다.

⑦ 다른 사람에 관한 수용 능력, 관용, 존경심을 기른다.

⑧ 타아상에 있어 긍정적 이해력을 배양한다.

⑨ 사회적으로 수용되는 자세를 명확히 구별한다.

⑩ 성격 발달을 가져오는 도덕성을 검증한다.

**4** 인지적 가치

① 사실 분석, 결론 유추, 의사 결정, 문제 해결 등과 같은 분석적 사고력을 증진한다.

② 문제 관찰과 결과 예측을 통해 문제의 보편타당성을 인식한다.

③ 대리 경험을 제공한다.

④ 인간 행동과 동기에 관한 통찰력을 제시한다.

⑤ 자기평가 능력을 계발한다.

⑥ 높은 수준의 논리력에 대한 도전 기회를 제공한다.

⑦ 일련의 행동 계획을 수립할 수 있게 한다.

⑧ 여러 대체 방안을 모색하고, 해결 방안을 선택할 수 있는 능력을 향상한다.

이상을 요약해보면 5차원 독서치료는 독서참여자에게 감성적·인지적 변화를 유발해 필요한 욕구를 전체적 혹은 부분적으로 충족하고, 지혜롭게 살아가도록 건전한 자아상과 사회에 대한 긍정적 적응력을 키워준다. 아울러 문제 해결의 다양한 국면을 제시하는 지적·감성적 효과를 기대할 수 있게 한다.

다시 말해 5차원 독서치료는 치료적 환경에서 정신 질환자의 치유를 돕는 보조 요법으로서만이 아니라, 예방적 환경에서 건전한 인격 형성과 사회 적응력을 키워주는 폭넓은 효과를 기대할 수 있다.

# 3

# 5차원 독서치료의 비밀

인간을 구성하는 다섯 가지 요소인 지력·심력·체력·자기관리 능력·인간관계 능력을 포괄하는 5차원 독서치료는 앞에서 살펴본 임상 치유가 보여주는 것처럼 상한 마음을 치유하고, 사람을 변화시키는 알찬 열매를 맺을 수 있는 치료법이다.

다시 말하면 5차원 독서치료는 효과가 연쇄적이고 상호적이라고 할 수 있다. 여기서 연쇄적이고 상호적이라는 말은, 예컨대 신체장애가 있어 억압과 피해 의식 속에 살던 사람이 5차원 독서치료법을 통해 그러한 체력의 문제를 치유받으면 그 효과가 지력·심력·자기관리 능력·인간관계 능력 등 다른 영역에도 유기적으로 파급되어 상승효과를 거둔다는 의미이다.

5차원 독서치료의 첫 번째 비밀은 지력·심력·체력·자기관리 능력·인간관계 능력 등 이 한 영역이라도 5차원 독서치료로 치유받으면 그것이 해당 영역에서만 기능하는 데 그치지 않고, 다른 영역에까지 효과가 파급되면서 다섯 가지 영역에 서로 상호적·유기적으로 효과를 가져온다는 것이다.

물론 이러한 독서치료는 실제로는 이미 알려진 것들이고 그다지 새로운 개념이 아니다. 그래서 효과가 별로 없는 듯 보이겠지만, 자신의 상황에 맞는 책을 꾸준히 읽어나가면 거기서 놀라운 파급 효과를 경험하게 된다.

구체적으로 살펴보면 독서치료를 통해 신체장애로 느낀 열등감과 피해 의식 등을 극복하면 반듯한 마음의 자세를 회복하고, 그동안 소원했던 사람과 관계가 회복되면서 시간 관리, 재정 관리 등 자기관리 능력에도 긍정적 변화가 일어난다. 한 영역이 독서치료로 인해 긍정적으로 변하면서 거기에서 촉발한 상승효과가 지력·심력·자기관리 능력·인간관계 능력 등으로 연쇄적·유기적으로 파급되면서 한 사람의 세계관이 변화하는 열매를 맺는다.

5차원 독서치료의 두 번째 비밀은 5차원 독서치료가 추구하는 5차원 전면 독서는 다방면 독서와 다르다는 것이다. 많은 사람이 5차원 독서치료를 이미 해오고 있다고 생각한다. 실제로 학교에서는 국어, 영어, 수학 공부와 관련한 책 읽기뿐 아니라 윤리, 역사, 철학과 관련한 책도 읽고, 음악이나 미술 등과 관련한 책도 읽는다. 집에서는 만화, 소설, 컴퓨터 등등 다방면의 책을 읽는 것이 보통이다. 문제는 이렇게 다방면으로 책을 읽는다 해도 전인격적으로 실력 있는 사람이 되는 건 아니라는 것이다. 실력 있는 인간이란 다방면의 책을 무작정 많이 읽는다고 되는 것이 아니라, 비록 부족하더라도 지력·심력·체력·자기관리 능력·인간관계 능력 등 각 영역을 극대화하는 전면적인 독서에서 비롯되기 때문이다.

스티븐 호킹이라는 세계적 과학자가 있다. 그는 누구도 따라갈 수 없는 위대한 과학자이지만 루게릭병으로 인해 휠체어를 타고 살아간다. 그런데 만일 스티븐 호킹이 이런 자신의 몸을 비관해 삶을 포기했다면 오늘날과 같은 위대한 과학자가 될 수 없었을 것이다. 스티븐 호킹이 이렇게 된 것은 약한 몸을 포기하지 않고 작은 것이나마 극대화했기 때문이다.

보통 이런저런 책을 다방면으로 많이 읽어야 실력 있는 사람이 되고 성공을 구가할 것이라고 생각하지만, 실제로는 그렇지 않다. 진정 실력 있는 사람은 비록 부족한 점이 있어도 이를 있는 그대로 인정하고 몸이 약하면 약한 대로, 의지력이 약하면 약한 대로 그 부분을 최대화하는 책 읽기를 통해 자신의 달란트를 최대로 발휘한다.

즉 인간의 비범함은 비범한 프로그램을 통해서가 아니라, 평범하지만 유기체적이고 전면적인 독서에 의해서 생기는 것이다.

# 4
# 독서를 통한 진정한 리더십의 완성

5차원 독서치료를 통해 자신의 달란트를 최대한 키운다고 하면 남보다 좀 더 큰 능력을 갖추어야 남을 이끄는 지도자가 되는 것이 아닌가 하고 생각하는 사람들이 있다. 하지만 이는 틀린 생각이다.

만약 20의 능력을 가진 A라는 사람이 자신의 달란트를 최대로 발휘했다고 하자. 그런데 또 다른 B라는 사람은 100의 큰 능력을 가져서 그냥 놀면서 지냈는데도 50의 능력을 발휘하고 있자고 하자. 그러면 겉으로 보기엔 B가 A보다 더 큰 능력이 있는 지도력을 갖춘 사람이라고 여길 수 있지만, 그렇지 않다는 것이다. A에게 제자가 있다면 비록 B보다 능력은 부족하지만 제자에게 그의 능력이 크건 작건 그것을 최대로 발휘하도록 도울 수 있다. 하지만 B의 제자는 자신의 능력을 최대로 발휘하는 방법을 배우지 못한다.

진정한 리더란 자신이 속한 조직원의 능력을 최대한으로 끌어올려 역량을 발휘하게 하고, 이를 선한 곳에 쓰도록 돕는 사람을 말한다.

그러기 위해서는 지력·심력·체력·자기관리 능력·인간관계 능력 등 5차원에 상응하는 책 읽기를 통해 크건 작건 먼저 자신의 달란트를 최대한 발휘하는 경험을 해야 한다.

이 같은 이유로 책 읽기는 인생 스토리를 써나가는 데 최고의 전략이며, 인생 최고의 투자이다. 그러므로 바른 책 읽기를 통해 나 자신과 우리가 부흥하고 우리나라와 우리 민족이 부흥하고 전 인류가 부흥하는 날을 꿈꾼다.

5부
—

독서치료
실습하기

거북이는 짧고 볼품없는 다리로 항상 땅바닥을 느릿느릿 기어 다니는 자신의 처지를 비관하며, 무리 지어 창공을 날아다니는 새를 동경했다. 어느 날, 거북이는 바닷가 모래밭에서 한가로이 일광욕을 하고 있다가 하늘을 나는 바닷새들에게 자신의 괴로운 운명을 불평했다.

"나도 누군가가 하늘을 나는 법을 가르쳐준다면 너희처럼 자유롭게 날 수 있을 텐데 아무도 가르쳐주지 않는구나."

그때 독수리 한 마리가 날아가다가 거북이의 불평을 듣게 되었다. 독수리는 거북이의 바람을 미련하게 생각하며 "거북아, 너는 날개가 없어 하늘을 날 수 없단다. 허황된 꿈 꾸지 말고 너의 모습 그대로 살아가렴" 하고 말했다. 그러자 거북이는 "세상에 안 되는 게 어디 있어. 나를 하늘로 데리고 가주렴. 올라가서 놓아주면 나도 너희같이 잘 날 수 있을 거야" 하며 부탁했다.

거북이가 하늘을 날 수 없다는 것을 아는 독수리는 거북이를 설득하려 했지만 소용이 없었다. 독수리는 만일 그가 거북이를 높이 들어 올려 날게 해준다면 어떤 대가를 지불할지 물었다. 거북이는 이렇게 대답했다.

"바다의 모든 보물을 너에게 줄게."

그러자 독수리는 "그렇다면 내가 너를 공중으로 올려다 주겠어"라고 말했다. 그러고는 자신의 발톱으로 거북이를 들어 올려 거의 구름까지 데려가서는 갑자기 놓아버렸다. 거북이는 팔다리를 힘껏 휘저었으

나 곧장 바위 위에 떨어져 등딱지가 산산조각 났다. 거북이는 한탄하며
죽어갔다.

"지금 내가 죽는 것은 당연하다. 땅 위를 어렵게 기어 다닐 수 있는
내가 날개와 하늘이 무슨 소용이 있겠는가?"


1. 이 글을 읽고 느낀 점을 적어보자.
   .................................................................................................
   .................................................................................................


2. 거북이는 왜 자신의 처지를 비관하게 되었나?
   .................................................................................................
   .................................................................................................


3. 독수리는 왜 거북이를 미련하게 생각했나?
   .................................................................................................
   .................................................................................................


4. 거북이의 제안을 받아들인 독수리는 무슨 생각을 했을까?
   .................................................................................................
   .................................................................................................

5. 만약 내가 거북이라면 어떻게 했을까?

   .......................................................................................................

   .......................................................................................................

6. 만약 내가 독수리라면 어떻게 했을까?

   .......................................................................................................

   .......................................................................................................

7. 이 이야기가 해피엔딩으로 끝날 수 있도록 다시 써보자.

   .......................................................................................................

   .......................................................................................................


**실습 2**　　어머니 발자국 _애월 김은영


걸을 수 없을 만큼 다리가 아파
흉내조차 낼 수 없어
눈물만 쏟아내야 하시는 어머니!
참아낸 가슴에 피를 토해내야 했던
어머니를 헤아리지 못했다.

불효여식은.


비수 같은 언어들을 쏟아내고도
나 혼자서 잘 먹고 잘 자란 줄 알았던 것은
어머니의 골절 속에 흐르지 않는
혈(血)이 될 줄을 몰랐다.


주무시다 몇 번씩 이불을 덮어주시던 것은
당연히 그렇게 해야 하는 줄 알았고.
밥알이 흩어져 떨어지면
주워 먹어야 하는 줄 알았고.
생선을 먹으면 자식을 위해 뼈를 발려서
밥숟가락 위에 올려줘야 하는 줄 알았고.
구멍 난 옷을 입어야 어머니인 줄 알았다.


밤이면 몸뚱이가 아파 앓는 소리가
방 안을 휘감아도 그 소리가 관절염 속에
파묻힌 고통인 줄 몰랐다.


걸을 수 없어 질질 끌고 다니시는
다리를 보고서야 알았다.
자나 깨나 자식이 우선이었고
앉으나 서나 자식을 걱정해야 하는 것은

당연한 줄 알았다.


아픈 말들을 주름진 골 사이로 뱉어냈을 때
관절염이 통증을 일으킬 만큼
"나 같은 자식 왜! 낳았냐고"
피를 토하게 했던 가슴 저미는 말들.
너하고 똑같은 자식 낳아봐라
네 자식이 그런 말 하면 얼마나 피눈물 나는지.
그렇게 말씀하시는 어머니가 미웠다.
씻지 못할 철없는 말들을 했던


저를
용서해주세요. 어머니!


결혼하고 아이들을 키우다 보니
어머니 마음을 알려 하지만 전부는 모릅니다.
그렇게 하는 것이 당연한 줄 알았습니다.


뼈가 다 닳아서 걸을 수 없어
고통과 사투를 벌이는 어머니!
제 다리라도 드려서 제대로 걸을 수 있다면
그렇게 하고 싶습니다.
피가 마른 눈물을 어이 닦아드려야 합니까?

어머니의 발자국을 찾고 싶습니다.

어머니!


1. 이 시를 읽고 느낀 점을 적어보자.

   ..........................................................................................................

   ..........................................................................................................


2. 이 시를 읽고 마음에 남는 단어 다섯 개를 적어보자.

   ..........................................................................................................

   ..........................................................................................................


3. 내 모습에 비친 어머니의 모습을 다섯 개 단어로 묘사해보자.

   ..........................................................................................................

   ..........................................................................................................


4. 나는 어머니에게 어떤 자녀인가?

   ..........................................................................................................

   ..........................................................................................................


5. 어머니가 가장 고마웠던 순간은 언제였나?

   ..........................................................................................................

   ..........................................................................................................

6. 어머니를 생각할 때 가장 마음 아팠던 것은 언제, 어떠한 상황이었나?

......................................................................................................

......................................................................................................

7. 어머니에게 드리는 편지를 써보자.

......................................................................................................

......................................................................................................

......................................................................................................

......................................................................................................

**실습 3**  살아온 기적, 살아갈 기적 _장영희

〈샘터〉의 오랜 독자들은 나를 기억할지도 모른다. 2003년 12월 '아름다운 빛'이라는 글로 나는 당시 4년간 연재하던 칼럼 '새벽 창가에서'를 중단했다. 그리고 꼭 3년 만에 다시 나타났다. '다시 나타났다'는 말을 쓰니 정말 홀연히 바람처럼 사라졌다가 불현듯 모습을 드러낸 느낌이 드는데, 어쩌면 그건 나의 공백기를 설명하기에 가장 적합한 말인지도 모른다.

3년! 젊은 사람들에게 3년은 인생의 드라마를 창출할 만큼 긴 시간이다. 군에 입대한 남학생이 전역할 만한 시간이고, 새 신부가 아기 둘을 낳을 만한 시간이고, 신입 사원이 잘하면 대리가 될 수 있는 시간이고, 아, 그리고 우리 학생들을 보면 누군가를 만나 사랑하고 아픈 이별을 하고 또다시 사랑하는 사람을 만나고 하기에도 충분할 만큼, 3년이라는 기간은 의미심장할 수 있다.

하지만 내 나이에 3년이란 세월은 그렇지 않다. 신상에 무슨 커다란 변화를 기대하기보다 이미 오랜 세월에 걸쳐 설정된 삶의 자리가 그냥 '조금 더' 깊어지는 기간이다. '조금 더' 내 살아가는 모습에 길들여지고, '조금 더' 포기하고 '조금 더' 집착의 끈을 놓고……

그럼에도 〈샘터〉에서 사라졌던 지난 3년 동안 나는 내 인생의 가장 큰 변화를 겪었다. 칼럼을 중단하고 나서 얼마 지나지 않아 척추암 선고를 받았고, 2004년 9월 8일 나의 영명축일에 갑작스레 병원에 입원했고, 2006년 5월 도합 스물네 번의 항암 치료를 마칠 때까지, 거의 2년에 가까운 시간을 긴긴 투병 생활로 보냈다.

돌아보면 그 긴 터널을 어떻게 지나왔는지 새삼 신기하지만, 이상하게도 나는 지난 3년이 마치 꿈을 꾼 듯, 희끄무레한 안개에 휩싸인 듯 선명하게 기억이 나지 않는다. 통증 때문에 돌아눕지도 못하고 꼼짝없이 침대에 누워 있던 일, 항암 치료를 받기 위해 백혈구 수치 때문에 애타던 일, 온몸의 링거 줄을 떼고 샤워 한번 해보는 것이 소원이던 일, 방사선 치료 때문에 식도가 타서 물 한 모금 넘기는 것조차 고통스러워하며 밥그릇만 봐도 헛구역질하던 일. 그런 일들은 의도적 기억상실증처럼 내 기억 한편의 망각의 세계에 들어가 있어서 가끔씩 구태여 끄집어내야 잠깐씩 회생되는 파편일 뿐이다.

그 세월을 생각하면 그때 느꼈던 가슴 뻐근한 그리움이 다시 느껴진다. 네 면의 회벽에 둘러싸인 방 안에 세상과 단절되어 있으면서 나는 참 많이 바깥세상이 그리웠다. 밤에 눈을 감고 있을라치면 밖에서 들리는 연고전 연습의 함성 소리, 그 생명의 힘이 부러웠고, 창밖으로 보이는 파란 하늘 아래 드넓은 공간, 그 속을 마음대로 걸을 수 있는 무한한 자유가 그리웠고, 무엇보다 아침에 일어나 밥 먹고 늦어서 허둥대며 학교 가서 가르치는, 그 김빠진 일상이 미치도록 그리웠다. 그리고 그런 모든 일상 ― 바쁘게 일하고 사람들을 만나고 누군가를 좋아하고 누군가를 미워하고 ― 을, 그렇게 아름다운 일을, 그렇게 소중한 일을 마치 아무 일도 아니라는 듯 태연히 행하고 있는 바깥세상 사람들이 끝없이 질투 나고 부러웠다.

하루는 저녁 무렵에 TV를 보는데, 유명한 보쌈집을 소개하고 있었다. 보쌈 만드는 과정을 보여준 다음, 손님 중 한 중년 남자가 목젖이 다 보이도록 입을 한껏 크게 벌리고는 큰 보쌈 하나를 입에 넣더니 양 볼이 불룩불룩 움직이게 씹어서 꿀꺽 삼키는 모습을 보여주었다.

상갓집에 가면 보통 육개장, 송편, 전 등 자금자금한 음식들이 나오고 상추쌈이나 갈비찜 같은 음식은 나오지 않는다. 거기에는 이유가 있는데, 상갓집에서 입을 크게 벌리고 먹는 것은 죽은 사람에 대한 예의가 아니기 때문이라고 한다. 미련을 남긴 채 이 세상을 하직하고 이제는 아무리 하찮은 음식일지라도 먹을 수 없는 망자 앞에서 보란 듯이 입을 쩍 벌리고 어적어적 먹는 것은 무언의 횡포라는 것이다.

보쌈을 먹고자 입을 크게 벌린 그 남자의 격렬한 식탐, 꿀꺽 삼키고 나서 그의 얼굴에 감도는 찬란한 희열, 그 숭고한 삶의 증거 앞에 나는 지독한 박탈감을 느꼈다. 그리고 마음속으로 다짐했다. 무슨 일이 있어도 바깥세상으로 다시 나가리라. 그리고 저 치열하고 아름다운 일상으로 다시 돌아가리라.

그리고 난 이렇게 다시 나타났다. 나의 본래 자리로 돌아왔다. 다시 강단으로 돌아왔고, 아침에 자꾸 감기는 눈을 반쯤 뜬 채 화장실에 갔다가 밥을 먹고, 늦어서 허겁지겁 학교로 가는 내 편안한 일상으로 돌아왔고, 이젠 목젖이 보이게 입을 벌리고 보쌈도 먹고 상추쌈도 먹고 갈비찜도 먹는다. 〈어부〉라는 시에서 시인은 말했다.

바닷가에 매어둔 작은 고깃배

날마다 출렁인다

풍랑에 뒤집힐 때도 있다

화사한 날을 기다리고 있다

(……)

살아온 기적이 살아갈 기적이 된다

사노라면

많은 기쁨이 있다

맞다. 지난 3년간 내가 살아온 나날은 어쩌면 기적인지도 모른다. 힘들어서, 아파서, 너무 짐이 무거워서 어떻게 살까 늘 노심초사했고 고통의 나날이 끝나지 않을 것 같았는데, 결국은 하루하루를 성실하게, 열심히 살며 잘 이겨냈다. 그리고 이제 그런 내공의 힘으로 더욱 아름다운 기적을 만들어갈 것이다. 내 옆을 지켜주는 사랑하는 사람들, 그

리고 다시 만난 독자들과 같은 배를 타고 삶의 그 많은 기쁨을 누리기
위하여…….

1. 이 글을 읽고 느낀 점을 써보자.
......................................................................................................
......................................................................................................

2. 지은이가 위기를 이겨냈을 때 힘이 된 것은 무엇인가?.
......................................................................................................
......................................................................................................

3. 자신이 지금까지 살아오면서 힘들었던 시기와 상황을 적어보자.
......................................................................................................
......................................................................................................

4. 3번의 물음에 답했다면, 그 당시 힘과 위로가 되어준 것은 무엇인가?
......................................................................................................
......................................................................................................

5. 내가 가장 바라고 소망하는 것은 무엇인가?
......................................................................................................
......................................................................................................

6. 5번 답변의 이유는 무엇인가?

......................................................................................................

......................................................................................................

7. 5번 답변을 썼다면 나 자신에게 해주고 싶은 말을 적어보자.

......................................................................................................

......................................................................................................

8. 만약 5번 답변을 쓰지 않았다면 나 자신에게 해주고 싶은 말을 적어
   보자.

......................................................................................................

......................................................................................................

# 한민족 교육 공동체와
# 글로벌 교육 공동체의 비전

현재 우리 교육에는 많은 문제점이 있지만, 그렇다고 모두 부정할 정도
는 아니다. 우리 민족은 온갖 어려움을 딛고 일제강점기와 한국전쟁을
거치며 폐허가 된 땅에서 세계 10위권의 경제 대국으로 성장할 정도로
큰 열매를 맺어왔다. 이러한 성과를 이룩하기까지 우리 교육이 큰 역할
을 해온 것이 사실이다.

　하지만 지금의 교육 틀로는 우리 앞에 놓인 시대적 상황에 효과적으
로 대응하기 어렵다. 우리 민족이 맞닥뜨린 세계사의 소용돌이에서 생
존하고 우리에게 맡겨진 역사적 사명을 감당하려면 매우 어려운 다음
두 가지 난제를 시급하게 풀어야만 한다. 그중 하나는 일거에 한반도
전역을 초토화할 수 있는 위험을 안은 남북한의 갈등을 해소하는 것이
고, 다른 하나는 많은 어려움이 있더라도 이를 극복하고 선진국 대열에
진입하는 것이다. 그리고 이런 난제는 글로벌한 사역을 통해서만 풀 수
있다.

우리 민족은 반만년의 역사를 이어오는 동안 글로벌 프로젝트를 이끈 경험이 별로 없다. 그 긴 시간 동안 1,000여 회의 외침을 받았지만, 우리가 다른 나라를 침범한 사례는 한 손에 꼽을 정도이다. 한반도에만 갇혀 있던 우리가 글로벌 프로젝트를 수행해서 이 어려운 시기를 극복해야 하는 것이다. 이제 우리는 우리 민족이 21세기 세계사의 전면에 선 나라가 되었다는 사실을 깊이 인식해야 한다. 현재 한국인은 전 세계 180개 이상의 국가에 널리 퍼져 있으며, 그 수가 750만 명에 달한다. 그리고 이들의 분포도를 보면 미국에 220만, 일본에 90만, 중국에 270만, 러시아 지역에 50만 명 등으로 놀랍게도 전체의 반 이상이 현재 세계의 운명을 쥐고 있는 4강에 거주하며 세계적 영향력을 만들어내고 있다.

아이러니한 점은 이런 영향력이 우리 민족이 의도해 만들어낸 것이 아니라 우리 민족의 고통의 결과라는 사실이다. 일제강점기에 생존을 위해 혹은 최소한의 자존을 지키기 위해 중국에 정착한 우리 선조들은 돌아오지 못하고 조선족이 되었고, 구소련의 강제 이주 정책으로 중앙아시아에 버려진 선조들 또한 돌아오지 못하고 고려인이 되었으며, 일제에 강제징용을 당한 사람들은 재일 동포가 되었다. 거기에 더해 한국전쟁으로 수많은 사람이 미국과 유럽으로 나가면서 지금의 거대한 세계적 민족군이 생겼다. 우리 민족의 고통이 우리 민족을 세계사의 전면에 세운 셈이며, 이것은 우리 민족이 의도한 것이 아니라 역사적으로 우리 민족에게 주어진 현실이라는 점을 꿰뚫어보는 역사적 안목이 필요하다.

그래서 우리는 한민족 교육 공동체를 꿈꾼다. 남북한에 갈라져 있는

7,500만의 동포와 해외에 흩어진 750만의 동포를 바른 미래 교육의 새 패러다임인 5차원 수용성 교육의 끈으로 함께 묶는 것이다. 그리고 이를 타민족과 힘을 공유하고 보편적 인류를 사랑하는 '글로벌 교육 공동체Global Education Community'로 확대해나가야 할 것이다. 우리는 5차원 전면교육으로 자신의 능력을 극대화하고, 그것을 바탕으로 다른 사람을 돕는 '세계를 품은 다이아몬드칼라의 전면적인 인간'을 양성함으로써 이들을 앞세워 황폐하고 무너진 우리 교육을 재건하고, 잃어버린 인간성을 회복해 모든 인류가 진정으로 가치 있는 삶을 살아갈 수 있게 해야 한다.

# 국가 미래 교육의 새 패러다임
## 수용성 교육

본 보고서는 이미 〈KAIST 대한민국 국가미래전략 2015〉의 교육 분야
에서 제안한 내용과 〈KAIST 대한민국 국가미래전략 2016〉의 교육 분
야에서 제안한 내용을 근거로 한다. 2015년 보고서에서는 한국의 미래
교육 전략의 목적을 '교육력의 신장'으로 설정했다. 학교는 물론이고
가정, 나아가 사회 등 다양한 형태를 띠는 교육 시스템의 교육력을 신
장해야 한다는 것이다. 현재 우리 사회가 지닌 문제를 해결하는 방법은
창조적 지성, 바른 세계관, 전면적 인성, 융합적 능력, 글로벌 의식을 갖
춘 미래 인재를 길러내는 것이라고 제시했다.

2016년 보고서에서는 이와 같은 미래 인재를 양성하기 위해서는 지
력·심력·체력·자기관리 능력·인간관계 능력의 다섯 가지 전인격적
인성을 회복해 인간의 '수용성'을 키워주어야 한다고 강조했다. 그리고
이렇게 양성한 고도의 인적자원을 전면에 배치해 우리나라가 미래에
풀어야 할 과제로 통전적 평생교육 시스템의 확보, 세계시민 양성, 통

일에 대비한 통일 교육 방안을 찾을 것을 제안했다.

## ① 미래 인재 양성을 위한 수용성 교육

교육의 결과는 피교육자의 수용성과 본질적으로 연관이 있다. 즉 양질의 교육을 제공했을 때 그것을 받아들이는 수용성이 높은 사람에게서 좋은 결과가 나오는 것이다. 수용성 부족은 2015년 보고서에서 지적했듯이 지성의 틀, 마음의 틀, 몸의 틀, 자기관리의 틀, 인간관계의 틀이 왜곡된 데 따른 결과이다.

따라서 다섯 가지 틀을 회복할 수 있는 현실적 교육 커리큘럼을 제시해야 하며, 아울러 창조적 지성, 융합적 능력, 글로벌 의식을 가진 미래 인재를 위한 프로그램을 구체화해야 한다.

전인격적 인성 교육을 기반으로 수용성을 회복하기 위해서는 참과 거짓을 구별하는 지력, 지식을 내면화하는 심력, 진리를 실행하는 체력, 자신이 가진 에너지를 바르게 분배하는 자기관리 능력, 자신이 가진 에너지를 다른 사람과 공유하는 인간관계 능력을 길러야 한다. 그래서 인식의 틀을 바르게 정립하고, 내적 수용성을 향상하며, 탁월성을 발휘하도록 전인격적 인성 교육 프로그램을 설계했다. 교육과 문화가 발전하는 등 삶의 질이 향상하고 사회가 복잡해짐에 따라 현대 교육목표인 인지적·정의적·운동 기능적 영역의 교육만으로는 감당하기 힘든 것이 사실이다. 그러므로 이 프로그램에 자기관리 영역과 인간관계 영역을 더해, 전체 커리큘럼을 지력·심력·체력·자기관리 능력·인간

**전인격적 인성 교육을 위한 25가지 커리큘럼**

| 지력 | 심력 | 체력 | 자기관리 능력 | 인간관계 능력 |
|---|---|---|---|---|
| 정보처리 능력 | 삶의 목표 의식 확립 | 5차원 건강관리법 | 자유에너지 확장 | 인간 특질 발견 |
| 다중 언어 능력 | 반응력 기르기 | 최대출력법 | 시간 관리 | 나와 가족 |
| 자연 세계의 이해 능력 | 풍부한 정서력 기르기 | 노동과 쉼 | 재정 관리 | 나와 동료 |
| 역사의 이해 능력 | 긍정적 사고방식 | 직업관 | 언어와 태도 관리 | 나와 사회 |
| 창조적 지성 | 바른 세계관의 확립 | 전면적 인성의 확립 | 융합적 능력 | 글로벌 인간상 |

관계 능력의 다섯 가지 영역으로 확대했고, 이 과정을 거쳐 전면적 인성과 바른 세계관을 갖출 수 있도록 했다.

현재까지 본 교육 커리큘럼에 따른 수용성 교육은 각 시도 교육청 단위로 실시하는 교원 직무 연수 프로그램으로 개설되어 약 1만 5,000여 명의 교사가 훈련을 받았으며, 연구학교를 신설하거나 기존 학교에서 이를 실행해 탁월한 결과를 보여주고 있다. 박남기[•]는 이런 수용성 교육체계를 아들러의 세 가지 삶의 틀 개념, 즉 자기개념, 세계상, 자기 이상과 비교·분석했다. 본 수용성 교육의 커리큘럼은 알프레트 아들러Alfred W. Adler의 심리학과 맥을 같이한다. 아들러가 삶의 틀을 강조하는 것처럼 수용성 교육에서는 지력·심력·체력·자기관리 능력·인간관계 능력의 다섯 가지 '수용성의 틀'을 강조한다. 수용성의 요소가 망

---

• 박남기, 〈미래 교육의 새 패러다임〉, 미래창조과학부 국가미래전략종합학술대회, 2015.

가지면 학습과 성장이 어려워진다. 이는 '리비히의 최소량의 법칙'에서 보듯이 다섯 가지 수용성 요소 중 가장 부족한 요소가 학생의 학습 성과를 결정하기 때문이다.

## ❷ 미래 인재의 핵심 역량

### 창조적 지성

인성의 왜곡은 인식 틀의 왜곡에서 나온다. 이광형[*]은 학습자가 외부에서 들어온 기호언어를 재해석하는 과정은 자신이 사물을 인식하는 방식인 '인식의 틀'에 크게 영향을 받으며, 인식의 틀에 문제가 생기면 가치좌표에도 왜곡이 나타난다는 점을 지적했다. 인성 교육이란 마음속에 가치좌표를 올바르게 배치하는 일이라고 할 수 있는데, 인식의 틀이 서로 다르면 동일한 인성 교육을 받았어도 가치좌표를 다르게 설정할 가능성이 있다. 그래서 바른 인성 교육을 위해서는 인성 교육을 하기 전에 먼저 인식의 틀을 바꾸어야 한다. 인식의 틀은 개인에 따라 각자 다른 특성을 가지고 있다. 하지만 그 특성과 차이점이 얼마나 다른지 객관적으로 볼 수 있는 방법은 없다. 개인의 뇌 속에 입력된 지식을 각자의 인식의 틀을 거쳐 재해석하는 과정을 엿보는 방법으로 '사선'을 치며 문장을 읽는 방법이 있다. '아버지가 방에 들어가신다'라는 문

---

[*] 이광형, 〈인식의 틀과 가치좌표〉, KAIST 국가미래전략 정기토론회, 2015.

장이 있다. 이것을 두 가지 방식으로 재해석해 받아들일 수 있다. '아버지가 / 방에 / 들어가신다' 또는 '아버지 / 가방에 / 들어가신다'. 이것이 바로 인식의 틀을 시각화하는 방법이다. 인성 교육 과정에서도 인식의 틀의 시각화 과정을 거쳐 분석하면, 인식의 틀이 외부 입력을 제대로 재해석하는지 그러지 않은지를 알 수 있다. 그래서 교정이 필요하면 교정할 수 있게 된다. 인식의 틀을 교정함으로써 인성을 회복하는 것이 수용성 교육의 기반이 될 수 있는 것이다.

이상오[**]는 창조적인 창의성 교육을 위해서는 인식의 변화가 필요하다고 지적한다. 첫째, 창의성 교육은 특별한 교육을 의미하는 것이 아니라 교육의 원형이라는 것이다. 둘째, 창의 교육과 인성 교육은 한 몸이라는 것이다. 아울러 우리가 받아들인 정보를 고도화할 때 인간은 창의력이 향상하고 창조적 지성을 갖출 수 있다. 정보를 고도화하는 능력을 기르기 위해서는 체계적인 정보의 재구성 작업이 필요하기에 정보의 성격과 내용에 따라 정보를 분류·분석·종합하는 능력이 필요하다. 입수한 정보의 효율을 높이기 위해서는 정보를 질서화해야 한다.

정보의 질서화에 이어 내면화하는 단계가 필요하다. 즉 정보는 대개 추상적이며, 이런 추상적 개념을 구체화하기 위해서는 개념 심화 학습법을 이용해 자신이 생각하는 개념과 사전적 개념을 비교, 묵상하는 과정이 필요하다. 이런 과정을 거쳐 입수한 정보를 고도화함으로써 창의적 사고를 할 수 있게 된다.

** 이상오, 《지식의 탄생》, 한국문화사, 2016.

## 융합적 능력

융합적 능력은 인간의 상상력을 바탕으로 구현되어왔다. 상상력은 사유의 원천이자 본질이다. 즉 인간의 모든 생각은 상상에서 시작된다. 그리고 테크놀로지 역시 이성과 감성 이전에 '생각'에서 출발했다. 인간은 사고를 바탕으로 언어를 창조하고, 사고의 결과인 언어로 자신의 생각을 남에게 전달한다. 따라서 우리의 언어 사용 능력이 사고에 영향을 미친다.

이한진*은 이런 의미에서 융합적 능력을 길러주는 핵심 요소인 인간의 사고 능력을 향상하기 위해서는 수학을 활용하는 것이 매우 유익하다고 주장한다. 수학은 인간이 만든 가장 고도의 언어이며, 이 언어를 바르게 사용하면 고도의 사고 능력을 기를 수 있기 때문이다. 정보를 전달하는 언어의 형태에는 세 종류가 있다. 서술적 언어, 그림과 도표의 언어, 수학적 언어가 그것이다. 자연현상이나 사회현상이라는 정보를 표현할 때도 추상적이고 함축적인 수학적 언어를 사용하면 간결하게 표현할 수 있고, 문제를 잘 해결할 수 있다. 수학적 사고 유형은 함축화, 변형화, 구체화, 패턴화, 기타의 다섯 가지로 나눌 수 있다. 수학적 언어로 이 같은 유형의 사고 훈련을 함으로써 생각하는 능력을 향상하고, 아울러 상상력을 증진해 궁극적으로 융합적 능력을 기를 수 있다.

---

• 이한진, 〈대한민국 수학교육의 진단과 미래비전〉, 《5차원전면교육협회》, 2016.

## 글로벌 의식

   미래에는 국가 간의 상호 의존성이 더욱 증대되고, 여러 측면에서 단일 사회 체계로 변모하는 전지구화, 즉 글로벌화가 뚜렷해질 것이다. 이런 시대에 다른 나라 사람들과 공존하기 위해서는 그들의 문화와 정신을 이해하고 수용하는 능력이 필요하며, 아울러 그들의 언어를 이해하고 소통하는 다중 언어 능력이 필수이다. 안정헌[**]은 학생들이 기존 영어 문법에 바탕을 둔 영어 학습 방식으로 영어를 익히는 것이 매우 어려운 일이며, 이런 방식은 근본적으로 영어로 의사소통을 할 수 없게 만드는 교육이라고 지적한다. 그의 주장에 따르면 영어를 마스터하는 올바른 방법은 '1대원리 5소원칙'을 근거로 사고 구조를 변화시키는 것이다.

   한편 김완호[***]는 월터스Walters의 단계적 접근 방식이 EFL English as a Foreign Language 상황의 우리나라 영어 쓰기 지도에서 매우 유용한 접근 방식이라고 보며, 이를 위한 구체적 실마리를 어순을 중심으로 한 사고 구조 변환법에서 찾고자 한다. 이러한 사고 구조 변환법으로 언어 학습 방식을 개선해 다중 언어 능력을 갖추고, 이를 토대로 문화의 벽을 넘어서 글로벌 의식을 가질 수 있도록 해야 한다.

---

[**] 안정헌, 〈Sense Group Grammar〉, 《5차원전면교육협회》, 2016.
[***] 김완호, 〈어순 중심의 사고구조변환법을 통한 영어교수 학습방법의 전환〉, KAIST 국가미래전략 정기 토론회, 2015.

### ③ 미래 세대와 행복 교육

우리나라 부모는 그간 자녀가 성공하는 데 가장 중요한 요소가 교육이라고 생각해 교육에 열을 올렸지만, 정작 한국인은 행복하지 않다고 느끼는 사람이 너무나 많다. 그 큰 이유 중 하나는 교육에서 파생된 문제가 사람들을 행복하지 못하게 만들었기 때문이다. 그러므로 인간을 행복하게 만드는 교육체계를 구축해야 한다. 김경동*은 국가와 사회는 현재뿐 아니라 미래의 구성원도 행복한 삶을 영위하도록 물질적·정신적 여건을 조성하고, 필요한 자원을 제공할 책임이 있다고 주장한다. 우리 세대는 미래 세대가 행복하게 살아갈 수 있게 만드는 교육 시스템을 확립하는 데 인색해서는 안 된다.

인간의 행복은 외적 조건으로 결정되는 것이 아니라, 그 조건을 주관적으로 어떻게 느끼는가에 달렸다. 에드 디너Ed Diener 교수의 지적대로, 한국인의 행복도가 낮은 이유는 지나치게 물질적인 것에 치중해 사회적 관계나 개인의 심리적 안정 등 다른 가치를 희생하기 때문이라고 말한다. 디너 교수의 연구에 따르면, 인간은 성취했기 때문에 행복한 것이 아니라, 행복감이 높을수록 성취감도 높아지므로 건강이나 성공을 자신하고 인간적 만족도 또한 높아 즐겁게 살 수 있다. 우리에게는 살아가면서 건강, 돈, 가정, 성취, 목표, 배려 등 행복을 만들어갈 수 있는 긍정적 요소가 많다. 하지만 이러한 요소는 사람의 관점에 따라 긍

---

* 김경동, 〈왜 미래세대의 행복인가〉, 미래세대행복위원회 창립총회, 2015.

정적 요소도, 부정적 요소도 될 수 있다. 문용린[**]은 이러한 요소를 긍정적으로 바꾸기 위해서는 긍정적으로 바라보는 능력이 필요한데, 이를 행복 능력이라 부를 수 있다고 한다. 우리 국민의 행복 능력을 키우는 일이 바로 행복 교육의 핵심 과제인 것이다.

## ④ 미래 교육 전략

### 통전적 평생교육 전략

　이제 인간은 특별한 일이 없는 한 100세까지 살게 되었다. 이러한 시대의 교육은 그 교육을 받는 당시에만 필요한 것이어서는 안 되며, 평생을 살아가는 데 필요한 통전적 교육이어야 한다. 이를 위해서는 평생 살아가는 데 필요한 창조적 지성, 바른 세계관, 전면적 인성, 융합적 능력, 글로벌 의식을 길러줄 수용성 교육이 전제되어야 한다. 그러므로 하루빨리 공교육 현장에서 통전적 교육 커리큘럼, 즉 수용성 교육을 강화하는 작업을 시작해야 한다. 이 같은 통전적 교육을 받은 고도의 인적자원을 통해 우리의 직장이 새로운 에너지를 공급받고, 어려운 여건에서도 경제 발전을 지속해야 한다. 아울러 생애 전 시기에 걸쳐 필요한 통전적 교육 프로그램을 개발해야 하며, 이를 토대로 한 평생교육 시스템을 구축해 고도의 사회 체계를 확립해야 한다.

---

[**] 문용린, 〈행복교육의 의미와 과제〉, KAIST 국가미래전략 정기토론회, 2015.

## 통일 교육 전략

미래에 필연적으로 닥칠 통일 사회에서 우리가 당면할 다양한 문제 중 가장 근본적이고 장기적인 노력이 필요한 것이 사회 통합 문제이다. 오윤경[*]에 따르면 사회 통합을 기반으로 한 통일 교육의 방향과 전략은 수용성 교육이 추구하는 바와 같은 맥락에서 이해할 수 있으며, 미래 통일 사회의 실질적 구성원이 될 남한 청소년에게 수용성 교육을 기반으로 한 통일 교육이 필요하다. 윤덕민[**]은 수용성 교육과 아울러 통일 사회에서 함께 살아갈 남북한 학생들이 민족 동질성을 회복하기 위해 폐쇄적 정서를 극복하고 열린사회로 갈 수 있게 하는 교육이 필요하다고 역설한다. 임경호[***]는 이를 위하여 남북 교육 교류 기구를 설립하고, 방학 기간 등을 활용해 탈북 새터민 학생들과 남한 학생들에게 통합적 교육을 실시해 통일 이후 교육과정에서 생길 수 있는 제반 문제점을 미연에 파악하고, 그 방안을 찾는 노력이 중요하다고 강조한다. 아울러 통일 문제에 가장 큰 영향을 받을 750만 해외 동포를 위한 '한민족 교육 공동체'를 구축하는 일도 시급한 과제이다.

---

• 오윤경, 〈통일 세대를 위한 수용성 교육의 의의〉, KAIST 국가미래전략 정기토론회, 2015.

•• 윤덕민, 〈미래를 위한 통일교육 전략, KAIST 국가미래전략 정기토론회, 2015.

••• 임경호, 〈수용성 교육을 통한 통일 이후 통합교육 방안〉, 《5차원전면교육협회》, 2016.

# ❺ 결론

이제부터라도 우리 국민이 자신의 달란트를 최대로 발휘하도록 전인격적 인성 교육에 바탕을 둔 수용성 교육을 실시하고, 우리 자신만이 아니라 타 민족도 섬길 수 있는 인적자원을 길러내야 한다. 그래야 평화를 근간으로 고도의 기술 사회에서, 창의적으로 인류의 행복을 지향하는 역사의 바른길을 가게 될 것이다.

# 책 읽기의 부흥을 위한
# 학문의 9단계

독서에 대한 우리 인식은 지극히 제한적인 범위에 있었다고 해도 과언이 아니다. 독서를 생각할 때 우리는 보편적으로 다음 두 가지를 떠올리게 된다. 첫째, 독서는 소일거리이다. 둘째, 독서는 학자의 전유물이다.

그런데 소일거리나 학자들의 전유물이 되기에는, 독서에는 놀랍고 풍요로운 기능이 있다. 즉 독서는 지하철에서 단순히 시간을 때우기 위한 그 무엇이 아니고, 학자들의 서가에만 국한한 그 무엇도 아니며, 수능 시험을 잘 보기 위한 그 무엇은 더더욱 아닌, 인생 스토리를 새롭게 다져갈 수 있는 기반을 제공하는 것이다.

독서는 인생 스토리를 탄탄하게 써나가기 위한 최고의 전략이며, 인생 최고의 투자이다. 즉 잘 선정한 책 한 권은 그것을 읽는 독서참여자 인생에 새로운 변화의 원동력을 제공할 수 있다. 또 적절하게 선택한 책 한 권은 그 책을 읽는 독자의 가정을 보다 활기 넘치고 행복한 가정으로 조율하는 추진력을 제공할 수 있다. 그뿐 아니라, 올바른 기준을 거쳐 선정한 책은 그 책을 읽는 독자의 인식과 생각을 새롭게 무장시켜 사회 변화의 강력한 힘으로 작용하게 할 수 있다.

이렇게 독서에는 단순한 심미적 즐거움을 주는 것 외에 나와 우리, 가정, 민족, 인류가 새로운 방향으로 나아가는 데 필요한 추진력을 제공하는 원천이 될 수도 있다. 그러므로 바른 기준에 의해 선정한 바른 책은 나에게, 가정에, 공동체에, 민족과 인류에게 변화와 발전을 유도하는 중요한 도구가 될 수 있다.

문제는 이렇게 중요한 독서가 왜 단지 소일거리나 학자의 전유물로만 국한되어버렸느냐 하는 것이다. 여기에는 두 가지 이유가 있는 것으로 보인다. 하나는 단면적인 독서였기 때문이며, 다른 하나는 독서를 통해 지적인 힘을 길러주지 못했기 때문이다. 단면적이었다는 이야기는 사람의 전인격적 인성, 즉 지력·심력·체력·자기관리 능력·인간관계 능력을 골고루 고려하는 전면적 독서를 무시하고, 주로 지력 위주의 단면적 접근만 했다는 뜻이다. 그리고 지적인 힘을 길러주지 못했다는 것은 책을 읽고 이해하는 핵심 역량을 길러주지 못한 데서 비롯된다.

그간 우리는 책은 그저 읽으면 된다고 생각해왔다. 그저 열심히 정신을 집중해 책을 읽으면 된다고만 생각해왔다. 지극히 단면적이 아닐 수 없다. 집중해서 읽으면 책을 잘 읽을 수 있는데, 책을 열심히 안 읽어서 책을 못 읽는 것이라고만 생각해왔다. 그러나 실제로 책을 읽어야 할 사람이 책 읽기를 싫어한다면 거기에는 단면적인 이유가 아닌, 전면적인 이유가 포괄적으로 개입되어 있다는 것을 알 수 있다.

우선 심력이 약하면 책 읽기를 싫어한다. 의지력이 약하고 동기가 없고 자존감이 없고 인생의 목표가 없기 때문에 책 읽기가 싫은 것이다.

체력도 책을 손에 잡지 못하게 하는 이유 중 하나이다. 책을 읽고자 하나, 책만 들면 팔다리가 쑤시고 아프고 졸려 책을 읽지 못하는 것이다. 그뿐이 아니다. 자기관리 능력이 없는 사람도 책을 읽는 데 어려움이 많다. 시간이 주어져도 어떻게 사용해야 하는지 모르기 때문에 책을 읽지 못하는 것이다. 인간관계에 문제가 있어도 책을 읽을 수 없다.

이렇게 책을 안 읽는 이유 하나만 해도 전면적이다. 이렇게 전면적으로 접근해 문제를 해결해야 하는데, 그저 단면적으로 생각해 책만 읽으라고 강요하니 안 되는 것이다. 말하자면 독서에 관한 한, 그동안 우리는 오진에 오진을 거듭해왔다. 왼발이 가려운데 진단을 잘못해 그동안 오른발만 긁고 있었던 것이다.

그러므로 책을 읽기 위해서는 단면적인 접근법을 버려야 한다. 5차원적인 영역, 즉 지력·심력·체력·자기관리 능력·인간관계 능력을 극대화함으로써 독서 능력을 향상해야 한다. 그래야 책 읽기에 성공하고, 더 나아가 진정한 성공을 거둘 수 있다.

그리고 독서가 단순한 소일거리나 학자의 전유물로 국한되어버린 데는, 그동안의 독서 교육이 진정한 지적 힘을 길러주지 못했기 때문이다. 그래서 5차원 독서치료 효과를 극대화하기 위해 진정한 지적 힘을 길러줄 수 있는 학문의 9단계를 소개한다. 학문의 9단계란 읽은 책의 내용을 좀 더 쉽고 명쾌하게 처리하도록 해주는 방안으로, 독서치료의 성패를 가늠하는 중요한 관건 중 하나이다.

이제 학문의 9단계가 무엇인지 알아볼 텐데, 그 전초 단계로 책에 실린 내용 역시 일종의 지식과 정보이니만큼 우선 논의를 좀 더 보편화해 책 내용을 포함해서 오늘날 전체적인 지식과 정보의 흐름을 살펴보도록 하겠다.

오늘날 정보(지식)의 중요성은 끊임없이 고조되고 있다. 이제 정보는 물품이나 에너지, 서비스 이상으로 유력한 자본이 되었다. 그리하여 정보가 산업, 경제, 교육, 문화 등 사회 각 분야에 미치는 영향력은 엄청나다. '정보 전쟁'이라는 말이 나올 정도이다. 문제는 정보가 고정태로 있지 않고, 매일 급변한다는 점이다. 정보량이 매일 기하급수적으로 늘어난다는 사실이 이를 증명한다. 그러다 보니 넘쳐나는 정보 중 자신에게 중요한 것과 덜 중요한 것, 자신에게 필요한 것과 필요 없는 것을 구별하기가 점점 어려워지고 있다. 그런데 자신에게 필요한 정보를 가려내는 사람이 있는가 하면, 그렇지 못한 사람도 있다. 정보를 잘 가려내는 사람은 그런 구별력을 통해 지력이 점점 최대화되지만, 그렇지 못한 사람은 넘치는 정보가 오히려 짐이 된다. 그래서 정보의 빈익빈 부익부 현상이 날로 심각해지고 있다.

학문의 9단계란 바로 쏟아지는 정보를 효과적으로 다룰 수 있는 지적 힘을 기르는 훈련 도구이다. 학문의 9단계가 무엇인지 알기 위해서는 우선 정보처리 과정을 파악할 필요가 있다. 정보처리는 크게 보면 다음과 같이 세 과정으로 나눌 수 있다.

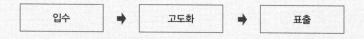

정보처리의 첫 번째 과정은 외부 정보가 개개인에게 인식되고 입수되는 과정이다. 정보 입수 과정은 크게 두 가지 형태를 띤다. 하나는 눈으로(즉, 글로) 입수할 수 있는 형태이다. 책, 잡지, 컴퓨터 파일, 시각 자

| 과정 | 단계 | 목표 | 방법 |
|---|---|---|---|
| 정보 입수 | 1단계: 정보의 양 늘리기 | 빨리 읽고 이해하기 | 속해(문해) 독서법 |
| | 2단계: 정보의 질 높이기 (평면적 정보의 질 높이기) | 정확하고 신속하게 분석하기 | 글 분석법 |
| | 3단계: 사실과 감정 구별하기 (입체적 정보의 질 높이기) | 숨은 정보 찾아내기 | 글 감상법 |
| 정보 고도화 | 4단계: 정보 조직화하기 | 전체를 본 후 부분 보기 | 고공 학습법 상관관계 학습법 |
| | 5단계: 정보 개념 심화하기 | 정보를 구체화해 주관화하기 | 개념 심화 학습법 |
| | 6단계: 정보 의식화하기 | 정보를 내면화하기 | 질문 학습법 |
| 정보 표출 | 7-1단계: 정확하게 쓰기 7-2단계: 보물 숨기기 7-3단계: 자유자재로 응용하기 | 정보를 서술적 언어로 표현하기 | – 평면적 글쓰기법 – 입체적 글쓰기법 – 실생활(종합 응용) 글쓰기법 |
| | 8단계: 그림으로 표현하기 | 정보를 이미지로 표현하기 | 도식화법 |
| | 9단계: 함수로 표현하기 | 정보를 수학적 언어로 표현하기 | 함수화법 |

료, 논문 등 글이나 그림 등으로 얻을 수 있는 정보이다. 또 하나는 강연, TV, 수업 등을 통해 귀로 들을 수 있는 형태이다.

정보처리의 두 번째 과정은 입수된 정보가 뇌 속에서 사고 활동을 거쳐 고도화되는 과정이다. 인간의 뇌에는 고도로 발달한 정보처리 장치가 있다. 그래서 입수한 각종 정보를 상호 연관성에 따라 분류·조합·저장한다. 이 능력을 극대화하는 훈련은 아주 중요하다. 아무리 많은 정보를 입수했다고 해도 이런 능력이 없으면 큰 의미가 없기 때문이다.

정보처리의 세 번째 과정은 입수되고 고도화된 정보가 말이나 글 형태로 다시 외부로 표출되는 과정이다. 아무리 정보를 잘 입수하고, 입수된 정보를 고도화했다고 해도 외부로 표출하지 않는 정보는 효용성이 없다. 정보의 표출이란 정보를 받아들이는 소극적 입장에서 정보를 제공하는 적극적 입장으로 바뀌는 것을 의미한다. 이 과정을 통해야만 정보는 끊임없이 확대·재생산된다. 그러므로 정보의 외부 표출이야말로 가장 확실한 정보 재취득 통로가 되는 셈이다.

지금까지 정보(지식)의 입수, 고도화, 표출 과정을 간략히 살펴보았는데, 좀 더 구체적으로 세분화하면 각 과정이 다시 세 개씩, 전체적으로 9단계 과정으로 나뉜다. 이것이 바로 학문의 9단계이다. 이제 하나씩 자세히 살펴볼 텐데 이 학문의 9단계 학습 과정을 잘 배우면 정보를 좀 더 쉽고 명쾌하게 처리할 수 있다.

## 정보 입수 과정

### 1단계: 정보의 양 늘리기 – 속해 독서법

지적 능력을 극대화하기 위해서는 정보량을 증가시키는 것이 중요하다. 이는 받아들이는 정보의 양에 따라 사고 폭도 비례해서 넓어지기 때문이다. 사고 폭이 넓어지는 것이 지력의 습득에 중요한 변수가 되는 이유는, 사고 폭이 좁으면 이후에 아무리 사고의 깊이를 더하려고 해도 한계가 생기기 때문이다. 그리고 연쇄적으로 사고의 깊이가 좁아지면 그 사고에 담을 수 있는 정보량도 비례해서 한정된다. 따라서 가능한 한 정보 입수량을 늘림으로써 사고 폭을 넓히는 것이 좋다. 그래야 담을 수 있는 정보량도 극대화되어 지력을 늘릴 수 있다.

2단계: 정보의 질 높이기 - 글 분석법

정보량을 증가시킨 후 반드시 해야 할 일은 정보를 정확하게 받아들이는 훈련이다. 정보를 정확하게 입수하기 위해서는 먼저 정보를 이루는 말과 글의 비밀을 알아야 한다. 그 비밀 중 첫 번째는, 읽고 있는 글에 나오는 모든 단어와 문장이 중요한 것이 아니라는 사실을 아는 것이다. 해당 글에 나오는 단어와 문장이 다 중요한 것이 아니라, 그중 중요한 것과 덜 중요한 것이 있다는 사실을 알아야 한다.

두 번째는, 읽고 있는 글에서 중요한 것과 덜 중요한 것 사이에 상관관계가 형성되어 있다는 사실이다. 따라서 글을 읽을 때는 반드시 중요한 것과 덜 중요한 것을 가려야 한다. 그런데 여기에서 주의해야 할 것은 읽는 자신의 입장에서 중요한 것이 아니라 글쓴이의 입장에서 중요한 것을 찾아야 한다는 것이다. 그러기 위해서 글을 읽을 때는 문단, 문단의 요지, 형식, 주제, 제목을 논구하는 훈련을 꾸준히 해야 한다.

3단계: 사실과 감정 구별하기 - 글 감상법

논설문과 설명문 중심의 글을 분석하는 훈련을 하면 정보를 정확히 이해하는 면에서 어느 정도 자신감을 얻게 된다. 그러나 정보의 형태가 다각화된 오늘날, 글을 분석하는 것만으로는 핵심을 잡을 수 없는 형태가 다소 있다. 시나 소설같이 감정을 중심으로 함축적으로 쓰인 문학작품이 대표적인 예이다. 문학작품은 본질적으로 감정이입을 통한 대리경험 형태를 취하는 글이다. 이 때문에 문학작품은 읽는 사람의 경험 영역을 확장하고, 정서를 풍부하게 만드는 강점이 있다.

문제는 통상 이들 문학작품이 고도의 상징적인 형식을 사용한다는 점이다. 따라서 문학작품으로 된 정보를 받아들이기 위해서는 앞의 2단계에서 본 글 분석과는 다른 접근법이 필요하다. 그것은 문학작품에 숨어 있는 주제를 찾아 글쓴이의 정서와 감정을 감상하는 방법이다. 이를 보물 찾기라고 명하기로 한다.

문학작품 속에 숨어 있는 보물을 찾기 위해서는 먼저 아무런 편견과 선입견 없이 해당 글을 두어 번 정도 읽는 것이 좋다. 그러면서 여러 번 반복되는 등 중요한 단어를 중심으로 글쓴이의 의도를 추측해보아야 한다. 그러고 나서 글쓴이의 정서와 감정을 감상하도록 해야 한다.

## 정보 고도화 과정

4단계: 정보 조직화하기 – 고공 학습법·상관관계 학습법

입수한 정보의 효율을 높이기 위해서는 정보를 조직화해야 한다. 정보를 조직화한다는 것은 여러 경로를 통해 입수한 정보를 분류·분석해 활용하기 쉽게 정리한 것을 의미한다. 전화번호 100개를 아무렇게나 적어놓은 것과 가나다순으로 배열한 것은 정보의 가치에 큰 차이가 있다.

우선 전체를 본 후, 부분을 볼 수 있는 능력이 필요하다. 퍼즐의 전체 그림을 본 사람만이 낱낱의 퍼즐 조각을 맞출 수 있는 이치와 마찬가지이다. 많은 정보를 전체적으로 볼 수 있는 사람만이 그 정보의 조각을 제대로 활용할 수 있다. 문제는 어떻게 전체를 보느냐 하는 것인데, 전체를 보는 가장 좋은 방법은 비행기에서 아래를 내려다보듯 지식을 고공에서 바라보는 고공표를 작성하는 훈련을 하는 것이다. 고공표를

작성하는 방법의 큰 원칙 중 하나는 한 권의 책을 한 장의 그래픽 언어로 나타내 전체를 한눈에 볼 수 있도록 만드는 것이다. 이것을 고공 학습법이라고 부른다.

고공표를 작성한 후 전체와 관련해 부분을 보는 것은 전체와 부분의 상관관계를 파악하면 가능하다. 이것을 상관관계 학습법이라고 부르는데, 이 학습법은 고공표로 작성한 전체와 전체에서 나온 각각의 부분이 어떤 관계를 맺고 있는지 연결 고리를 찾는 것이다. 이러한 고공 학습법과 상관관계 학습법을 이용해 정보를 조직화하면, 보이지 않던 것이 보이면서 해결하지 못하던 문제를 해결하는 실마리를 찾게 된다.

### 5단계: 정보 개념을 심화하기 - 개념 심화 학습법

정보의 조직화에 이어 해야 할 일은 조직화한 정보를 자기 것으로 만드는 것이다. 이 과정이 중요한 이유는 대부분의 정보는 대중을 상대로 한 추상적 개념으로 구성되어 있기 때문이다. 따라서 정보의 추상적 개념을 구체화해 실제 나의 삶에 적용하도록 해야 한다. 추상적 개념을 구체화하기 위해서는 자신이 생각하는 개념과 사전적 개념을 깊이 묵상하는 개념 심화 과정이 필요하다. 이를 개념 심화 학습법이라고 한다.

### 6단계: 정보 의식화하기 - 질문 학습법

고공 학습법이나 상관관계 학습법을 통해서는 정보를 객관화(조직화)하고, 개념 심화 학습법을 통해서는 정보를 주관화하는데, 이것만으로는 부족하다. 실제로 우리가 알고 있는 사실과 느낌이 완벽할 수 없고, 글을 쓴 사람의 주장과 표현 역시 완전할 수 없으며, 그 글을 읽는 사람의 생각과 느낌 역시 완전할 수 없기 때문이다.

그러므로 그 글의 내용과 느낌, 생각이 내 안에 바르게 내재되도록, 즉 내면화되도록 스스로 끊임없이 질문하고, 진지하게 질문하고, 다른 각도에서 질문을 던져 그에 대한 해답을 얻어야 한다. 그래야 정보가 내면화될 수 있다.

## 정보 표출 과정

### 7-1단계: 정확하게 쓰기 – 평면적 글쓰기법

정보 표출은 읽은 내용을 나의 언어로 다시 쓰는 것을 말한다. 이러한 정보 표출에는 두 가지가 있는데, 평면적 글쓰기와 입체적 글쓰기이다. 평면적 글쓰기는 중요한 사실을 자기화해 표현하는 것이고, 입체적 글쓰기는 감정을 자기화해 표현하는 것이다.

평면적 글쓰기의 예는 설명문이나 논설문 등이다. 중요한 사실에 대한 정확한 설명과 증거 자료 제시를 목적으로 하는 글쓰기를 말한다. 평면적 글쓰기는 중요한 사실이 분명하게 드러난 글이므로 중요한 사실이 분명하게 드러난 글을 읽는 방법으로 앞의 2단계에서 소개한 글 분석법을 역순으로 실행하면 된다.

글 분석을 역으로 실행한다는 것은 글을 정확하게 읽기 위해 던지는 다섯 가지 질문, 즉 문단, 문단의 요지, 형식, 주제, 제목에 대한 질문을 역순으로, 즉 제목, 주제, 형식, 문단의 요지, 문단 순으로 질문한다는 뜻이다.

### 7-2단계: 보물 숨기기 - 입체적 글쓰기법

입체적 글쓰기는 시나 소설 등의 문학작품처럼 글쓴이의 감정을 상징적으로 숨겨 표현하는 글쓰기를 말한다. 이처럼 입체적인 글을 쓰는 방법은 보물 숨기기라고 할 수 있는데, 이는 주제가 상징적으로 드러나는 글을 읽을 때 그 상징성을 풀어주기 위해 앞의 3단계에서 살펴본 보물 찾기를 역순으로 실행하면 된다.

### 7-3단계: 자유자재로 응용하기 - 실생활 글쓰기법

고도의 정보화사회인 오늘날 글을 잘 쓴다는 것은 문필가가 될 소양을 갖추었다는 뜻도 있지만, 자기가 맡은 일을 처리하는 데 정보를 효과적으로 표출한다는 의미이기도 하다. 반대로 아무리 좋은 학교를 나오고 성적이 우수했더라도 실생활에서 편지나 일기 한 장 못 쓴다거나 기획안 하나 제대로 못 만든다면 정보를 잘 처리한다고 볼 수 없다.

학습의 최종 목표 중 하나는 앞에서도 언급한 것처럼 실생활에서 자신에게 맡겨진 일을 잘 처리하는 실력을 갖추는 것이다.

### 8단계 그림으로 표현하기 - 도식화법

도식화는 유용한 의사 전달 방법 중 한 가지이다. 즉 글을 넘어 사건의 내용을 그림, 도표, 선 등으로 표시하는 것은 상당한 의미가 있다. 이를 위해서는 고공 학습의 원리, 상관관계의 원리, 개념 심화의 원리, 함축의 원리, 분류의 원리 등을 적용해야 한다.

## 9단계 함수로 표현하기 - 함수화법

기호와 숫자로 구성된 함수를 사용해 가장 함축적으로 사건을 표현하는 방법이다. 함수화 표현은 사건 내용의 깊은 핵심을 파악하고 심화했을 때만 가능하며, 정보 표출에서 매우 선진화된 고등 언어라 할 수 있다.

지금까지 알아본 학문의 9단계는 실력을 쌓는 핵심 원리이다. 중요한 것은 각각의 단계가 별개로 존재하는 것이 아니라, 서로 유기적인 관계 아래 통합적으로 묶여 있다는 사실이다.

# 5차원 독서치료를 위한
# 도서 목록 100선

 지력

1 **나는 상식이 불편하다** 김보일

작가가 10여 년 전부터 인터넷 사이트에 올린 서평 30편을 묶은 책으로, 책에 대한 소개뿐 아니라 작가의 관점과 책 읽기의 즐거움을 담았다. 작가는 다양한 매체의 발달로 책 읽기가 필요 없어진다 하더라도 책 읽기가 필요함을 주장한다.

2 **내 삶을 바꾼 칭찬 한마디** 김홍신 외 31인

각계각층 인사 32명이 말하는, 삶에 큰 영향을 끼친 칭찬 이야기. 삶의 등대가 되어 걸어가는 길에 힘과 용기를 준 그때 그 시절의 칭찬 한마디를 담담히 술회한다.

3 **내 스무 살을 울린 책** 김윤식

과감하게 '시대의 아픔과 개인적인 고뇌, 그 속에서 한 권의 책과 운명적인 만남, 그 이후 인생에 끼친 영향'을 커밍아웃한 21명의 에세이를 모은 책이다.

4 **닥터 노먼 베쑨** 테드 알렌, 시드니 고든

정명한 흉부외과 의사이자 보건 의료 운동가. 스페인의 반파쇼 투쟁과 중국 혁명에도 참여한 혁명가 닥터 노먼 베쑨의 전기이다. 생명을 구하는 일에 평생을 바친 진정한 의료인의 길을 엿볼 수 있다.

5   **단재 신채호의 일대기** 임중빈

근대 한국의 대표적 역사가이자 민중 혁명가 신채호는 19세의 나이로 독립협회 운동에 뛰어든 이래 구국 언론과 독립을 위해 싸우다가 뤼순 감옥에서 임종을 맞이했다. 한민족의 고난기·격동기를 살다 간 신채호의 다채로운 사상적 편력을 엿볼 수 있다.

6   **달리는 기차 위에 중립은 없다** 하워드 진

《미국 민중사》와 《오만한 제국》으로 잘 알려진 역사학자이자 사회운동가 하워드 진의 자전적 에세이. 작가는 실천적 지식인답게 자신의 삶을 역사에 투영해 감동적이고도 생생한 이야기를 전한다.

7   **루쉰전** 왕스징

중국 근대사의 암흑기를 온몸으로 살다 간 작가이자 사상가 루쉰의 삶과 사상을 소설 형식으로 구성한 일대기. 민중의 편에 서서 민중을 사랑하고 조국의 앞날을 걱정한 루쉰의 열정적인 삶이 생생하게 그려져 있다.

8   **마지막 수업** 알퐁스 도데

현실에 대한 예리한 관찰력과 풍자성을 보이는 사실주의적 경향을 적절히 구사한 작품으로, 어린아이의 눈을 통해 조국에 대한 사랑을 절절하게 그렸다.

9   **마틴 루터 킹** 권태선

미국 인종차별 반대 운동가로 널리 알려진 킹 목사의 일대기. 1929년에 태어나 25세에 침례교회 목사가 된 후 흑백 차별 버스 안 타기 운동을 벌이고, 남부 인권 모임을 만드는 등 여러 번 죽음의 고비를 넘기면서도 인종차별 철폐를 위해 생애를 바쳤다. 39세의 젊은 나이에 암살을 당하고 만 킹 목사가 민주주의를 위해 헌신한 삶의 아름다움이 느껴진다.

10   **백범일지** 김구

《백범일지》는 1947년 최초로 출간된 이후 지금까지 수많은 사람이 읽어왔고 현재도 꾸준히 읽는 전 국민의 필독서이다. 27년간 대한민국 임시정부를 이끌어온 독립운동가이자, 자신의 전 생애를 조국과 민족을 위해 바친 겨레의 큰 스승인 백범의 삶을 가장 잘 드러내는 책이라 할 수 있다.

11   **삶의 의미를 찾아서** 빅터 프랭클

작가는 이 책에서 제2차 세계대전 당시 나치의 강제수용소에 수감된 3년간의 체험을 회고한다. 또 그 체험을 바탕으로 인간 내면에 대한 깊은 성찰과 함께 자신이 창안한 로고테라피 철학을 소개한다.

## 12 생활의 발견 린위탕

이 책은 일종의 생활철학, 즉 인생 60, 이 짧은 생애를 어떻게 살아나가야 가장 행복하게 삶을 마칠 수 있는가에 대한 작가 특유의 견해를 중국의 원전 가운데 합당한 구절을 인용해 설명한, 현대 생활의 서정 철학적 관조라고 보면 되겠다.

## 13 소년의 눈물 서경식

저자가 소년 시절 읽은 책에 대한 사색과 비평을 통해, 사회적 정체성과 문학적 감수성의 형성 과정을 드러낸 산문집. 성장의 중요한 대목, 인상적인 장면마다 그 시절에 읽은 책의 기억이 오버랩된다. 따라서 이 책은 단순한 독서 에세이라기보다는 인간 서경식의 영혼의 성장기이다.

## 14 서재 결혼시키기 앤 패디먼

이 책의 가장 두드러진 특징은 흥미로운 서술 방법이다. 책 이야기를 하기는 하는데, 그걸 두 남녀의 결합, 아이 낳기, 육아 등 집안일과 연관시켜 아주 재밌고 아기자기하다. 무엇보다 사적인 독서 체험이 주는 자기만의 책 읽기 고집을 잘 표현했다.

## 15 전태일 평전 조영래

불꽃같은 삶을 살다 간 노동자 전태일의 일대기. 변호사 조영래가 썼다. 청계천 평화시장의 노동자였던 전태일은 어린 여성 노동자들이 비인간적 노동환경에서 쓰러져가는 모습을 보면서 노동운동에 눈뜬다. 노동법에는 노동자의 권리가 보장되어 있으나 법이 지켜지지 않는 현실 앞에 그는 분신자살로 경종을 울린다. 1970년의 일이다.

## 16 죽은 시인의 사회 N. H. 클라인바움

졸업생의 70% 이상이 미국의 최고 명문 대학에 진학하는 웰턴 아카데미, 전원 기숙사 생활을 하면서 철저하고 엄격한 통제를 받는 기숙 고등학교이다. 이곳에 부임해온 키팅 선생을 통해 학생들은 앞날을 스스로 설계하고 그 방향대로 나아가는 일의 중요성을 깨우친다. 참교육이 무엇인지 온몸으로 보여주는 키팅 선생과 학생들이 빚어내는 이야기.

## 17 책이 좋아 책하고 사네 윤형두

출판계 원로이자 범우사 대표인 작가가 그동안 기고한 출판 관련 글을 한데 묶은 문고본. 책의 미학, 독서와 인생, 일본에 있는 한국 고서, 책이 있는 풍경, 책의 종말은 오는가 등 출판에 대한 애정과 사랑이 담긴 글이다.

## 18 티베트로 가는 길 사브리예 텐베르켄

독일 여성 시각장애인 작가가 티베트를 찾아 시각장애인을 위해 학교를 짓고, 점자를 개발하는 과정 등을 그렸다. 출판사와 유럽 장애인 선교 단체인 유럽밀알은 이 책의 오디오

북 CD를 만들어 무료 배포했다.

**19 파브르 평전** 마르틴 아우어

우리에게 《파브르 곤충기》를 통해 흥미진진한 곤충의 세계를 선물한 파브르 전기. 호기심으로 충만한 곤충학자의 모습뿐 아니라 평생을 아이들 교육에 바쳤던 선생님의 모습, 자상한 아버지의 모습을 함께 만날 수 있다.

**20 행복한 책 읽기** 김현

훌륭한 불문학자이자 뛰어난 비평가로 한국 현대 비평계에 커다란 획을 긋는 두드러진 발자국을 남긴 김현은 마흔여덟 한창 나이에 세상을 떠나기 앞서 4년간의 일기를 그만의 독특한 글쓰기(독서 기록 위주)로 남겨놓았다. 일생 진정으로 책을 사랑하다가 간 고인의 숨결이 고스란히 전해진다.

## ② 심력

**1 감자를 먹으며** 이오덕

감자 먹고 자라나, 감자 먹고 살아가는 산골 아이들을 가르치고, 감자 먹고 일하는 농사꾼 마을에 살고 싶었던 '할아버지' 이오덕 선생님의 바람과 삶이 담뿍 들어 있다.

**2 나는 우는 것들을 사랑합니다** 임길택

동화 작가이자 시인 임길택 선생의 산문과 교단 일기를 모아 엮은 책. 1997년 세상을 떠난 작가는 거창에서 특수학급 아이들을 가르치면서 교단 일기를 남겼다. 그 이야기들 가운데 우리의 삶과 어린이 교육, 어린이 문학을 돌아보게 하는 글을 골랐다.

**3 내 마음의 풍금** 하근찬

첫사랑을 주제로 한 장편소설. 1960년대를 배경으로 작가가 초등학교 교사를 하던 시절 실제로 겪은 일을 소설로 펴냈다. 추억이라는 이름으로 간직한 가슴 깊숙한 그리움의 씨앗이 세월이 더해질수록 퇴색되는 것이 아니라, 더 생생하게 느껴지는 운명 같은 인연에 대한 이야기.

**4 내 생애의 아이들** 가브리엘 루아

학교를 배경으로 이제 겨우 열여덟 풋풋한 초임 여교사와 초등학교 아이들이 빚어내는 여섯 편의 이야기를 담았다. 우리 모두의 과거이자 미래인 아이들의 모습을 통해 새로운 눈으로 세상을 발견하고 사람을 발견한다. 생에 대한 찬미와 긍정, 영혼에 대한 깊은 신뢰가 흘러넘치는 훌륭한 소설이다.

5  **내 이름은 태양꽃** 한강

어둠 속에 들어가면 누구나 묻는 질문에 답하는 이야기이다. 눈물은 왜 짜고 씨앗은 왜 단단할까? 눈물과 씨앗은 왜 모두 아래로 떨어지기만 할까? 그 낮고도 어두운 곳에서 과연 우리는 무엇을 배울까?

6  **내일로 희망을 나르는 사람들** 박수정

이 책은 존재의 이유가 되어버린 작은 희망을 찾아 나선 가난하고 고단한 이웃들의 이야기이다. 낮은 곳에 있어 잘 드러나진 않지만 아름다운 삶을 꿈꾸고 가꾸는 사람들. 한 줌의 희망에 기대어 삶의 질곡을 이겨나가는 우리 이웃들의 이야기를 만날 수 있는 책이다.

7  **돌아온 진돗개 백구** 송재찬

엄마 품처럼 따뜻한 진도를 떠나 머나먼 도시로 팔려간 진돗개 백구. 크고 좋은 새집, 인심좋은 새 주인을 만났지만 백구의 마음속에는 남쪽 섬 진도와 서영이, 할머니에 대한 그리움만 가득하다. 마침내 바다 찾아, 옛 주인 찾아 떠나기로 결심하는 백구. 떠돌이가 되어 낯선 도시를 헤매는 백구 앞에는 어떤 일들이 기다리고 있을까?

8  **마지막 거인** 프랑수아 플라스

주인공이 떠난 모험에서 만난 거인들의 이야기와 인간이 파괴한 그들의 삶은 우리가 아무 생각 없이 저지르는 살인의 모습을 적나라하게 보여준다.

9  **모리와 함께한 화요일** 미치 앨봄

루게릭병으로 죽어가는 스승 모리 교수와 화요일마다 만나 나눈 얘기를 책으로 엮었다. 인간에게 죽음이 필요하다는 것, 사랑의 의미에 대해 잔잔한 감동을 준다.

10 **몽실 언니** 권정생

해방 직후부터 1950년대까지를 배경으로 삶이 피폐해진 생활 속에서도 착한 마음을 잃지 않는 몽실이와 동생 난남이가 겪는 세상살이를 담은 장편 동화. 아버지와 엄마, 새아버지와 새엄마, 인민군 언니들과의 만남과 이별을 통해 성장해가는 몽실이의 모습을 담담하게 그렸다. 또 절름발이 몽실이가 겪는 삶을 통해 당시 상황과 풍속을 잘 드러냈다.

11 **보시니 참 좋았다** 박완서

작가는 여덟 편의 이야기를 통해 살아가면서 사람에게 중요한 것은 사물에 숨어 있는 비밀을 깨닫는 것, 그리고 그 비밀을 깨닫기 위해서는 절대로 잃어버리지 말아야 할 것이 인간의 꿈이며, 꿈이 사람과 사물의 비밀을 하나하나 열어갈 수 있다는 인생의 이치를 조심스럽게 드러낸다. 그리고 세월의 더께가 두꺼워져도 사람의 진실과 만나는 것, 생의 참다운 가치와 만나는 것의 소중함을 이야기한다.

## 12 블루백 팀 윈튼

1998년 와일더니스 소사이어티 환경상 수상 작품. 한 남자의 어린 시절과 삶, 그리고 그의 바다에 대한 사랑을 그린 매혹적인 이야기이다. 또 이 책은 한 여인이 자신의 삶의 터전에 뿌리를 내리고 살아가면서 그 터전을 파괴하려는 여러 사건에 맞서는 이야기이기도 하다.

## 13 사람은 무엇으로 사는가 톨스토이

톨스토이가 들려주는 따뜻한 이야기를 담은 민화집.

## 14 시튼 동물기 어니스트 톰슨 시튼

세계적 동물학자이며 소설가 시튼이 들려주는 동물 이야기. 직접 체험한 실제 주인공인 야생동물 이야기를 생생하고 감동적으로 묘사해 자연과 동물에 대한 새로운 시각을 심어주는 수작으로 평가받는다.

## 15 아버지의 바다 김연용

아들이 눈먼 아버지의 슬픈 사연을 간절한 사진과 글로 표현한다. 아버지에 대한 애정이 절절하기에 감동이 책 밖으로까지 스며 나오는 듯하다. 오래 간직했다가 마음이 쓸쓸할 때면 꺼내서 보고 싶은 책이다.

## 16 우리 옛이야기 백가지 서정오

우리 옛이야기를 구수한 입담으로 풀어 썼다. 옛이야기를 세태와 교훈, 풍자, 우연한 행운 등 여섯 가지로 나눠 엮은 아동문학가의 책이다.

## 17 조개 줍는 아이들 로자문드 필처

일생을 인내로 일관한 페넬로프, 그리고 그녀의 두 딸과 아들이 엮어내는 진솔한 삶의 이야기. 런던과 콘월을 배경으로 펼쳐지는 페넬로프가 사람들의 모습에서 우리는 신기하게도 잊어버렸던 자신을 발견하게 된다.

## 18 지상에 숟가락 하나 현기영

제주도 소설가 현기영 씨의 자전소설. 한국 현대사의 심장부를 흐르는 서사성과 남도의 대자연 위에 펼쳐지는 서정성이 어우러져 있다. 제주도를 배경으로, 가슴 벅찬 유년의 기억을 생생하게 재현하는 이 작품에는 진지하게 문학적인 고투를 계속하는 필자의 열정이 그대로 담겨 있다.

19 **싸우는 아이** 손창섭

찬수는 싸우는 아이이고 싸움을 일으키는 아이이다. 그러나 찬수는 세상을 미워하고 원망하는 아이가 아니라, 희망과 사랑을 안고 사는 아이이다. 잘못된 일이 있을 때, 억울한 일이 있을 때 싸워서라도 고치려 하는 찬수는 용기가 있는 아이이다.

20 **스스로를 비둘기라고 믿는 까치에게** 김진경

교단에 있던 작가가 점수 위주, 입시 위주로 병든 우리 교육 현실을 고발하고 가슴 아픈 자기 성찰을 기록했다. 아이들을 사랑하는 작가의 마음과 우리 교육에 대한 열정이 잘 나타나 있다.


### ③ 체력


1 **걸을 수 없으면 달리면 되지!** 윤광석

오토바이 사고로 하반신이 마비된 저자가 다시 오토바이 타기에 도전하는 과정을 담았다. 32세에 장애인이 되고, 한 여인을 만나 사랑하기까지의 삶을 자세하게 소개하며, 도전을 통해 절망을 희망으로 바꾸는 모습에서 기적이 아닌 일상에서의 행복을 일깨운다.


2 **내 사랑 토람이** 전숙연

평범한 주부이던 작가는 사고로 시력을 잃고 3년간의 투병 끝에 혼자 서울로 와 맹아학교에 입학한다. 그리고 흰 지팡이 사용 교육을 받는 도중 안내견이자 가족, 친구가 될 골든리트리버 토람이를 만난다. 안내견에 대한 편견 때문에 겪은 어려움, 토람이와 함께 나눈 기쁨. 토람이가 죽은 뒤 만난 대양이가 꿋꿋이 살아가는 이야기를 담담하게 털어놓는다. 후천적 장애를 안내견과 가족, 주변 사람들의 도움으로 극복해가는 모습을 통해 용기와 사랑을 일깨운다. 같은 제목의 TV 특집 드라마의 원작이기도 하다.


3 **네 손가락의 피아니스트 희아의 일기** 이희아

'네 손가락의 피아니스트'라는 별명으로 불리는 이희아 양이 초등학교 3학년 때부터 써온 일기를 고정욱이 엮었다. 손가락이 두 개이고, 무릎밖에 없는 희아의 꿈은 피아니스트이다. 신체가 정상인 사람에게도 힘든 길이지만 희아는 결코 좌절하지 않는다.


4 **달려라! 형진아** 박미경

영화 〈말아톤〉의 원작. KBS TV 〈인간극장〉에서 방영된 자폐아 배형진 군과 그의 어머니 박미경 씨의 이야기를 담았다. 네 살 때 '자폐를 겸한 정서장애' 판정을 받은 배형진 군은 강원도 속초에서 열린 트라이애슬론 대회에서 완주했다. 중증 장애가 있는 청년이 '철인'으로 다시 태어난 것이다.

**5 루이 브라이** 마가렛 데이비슨

눈먼 사람들을 위한 글자를 만든 소년에 대한 이야기. 자신이 눈먼 사람이면서도 좌절하지 않고 노력해, 앞을 볼 수 있는 사람 이상으로 쓸모 있는 사람임을 증명한 루이 브라이의 삶에서 깊은 감명과 함께 용기를 얻을 수 있다.

**6 발로 쓴 내 인생의 악보** 레나 마리아

레나 마리아의 수기는 스웨덴 여성판 《닉 부이치치의 허그》이다. 두 팔이 없고 왼쪽 다리가 짧게 태어났으면서도 세계적 복음 가수가 되기까지의 삶을 유머러스하게 그려냈다.

**7 사흘만 걸을 수 있다면** 장원청

세 살 때부터 진행성 근이영양증이라는 불치병에 걸려 온몸이 마비되는 증상 때문에 학교 교육을 받지 못한 작가가 독학으로 글을 깨우쳐 쓴, 삶에 대한 이야기. 뻣뻣하게 몸이 굳어 가는 상황과 죽을 고비를 수차례 넘기는 와중에 6년 동안 써낸 책으로, 삶의 고통과 아름다운 꿈, 용기를 담았다. 이 책은 '2003년 올해의 아름다운 중국 청년상'을 수상했으며 중국 중앙방송에 소개되기도 했다.

**8 세상에서 가장 아름다운 사람 조엘** 조엘 소넨버그

생후 20개월에 교통사고로 최악의 전신 화상을 입어 어린 시절을 비명과 고통으로 보내며 50여 차례나 수술한 조엘의 이야기를 담은 책. 조엘은 생후 20개월 때 부모님이 운전하는 승용차에 타고 있다가 40톤 트럭과 추돌 사고가 나는 바람에 전신에 중화상을 입었다. 역경을 딛고 건강한 청년으로 성장하기까지 조엘의 삶과 용기, 희망을 다루었다.

**9 세상에서 가장 아름다운 얼굴** 후지이 테루아키

해면상 혈관종이라는 얼굴 장애로 오른쪽 뺨에 커다란 종양을 달고 다니던 후지이 테루아키 씨가 의학박사가 되는 과정을 담았다. 자신이 직접 겪은 고통과 상처를 이겨내는 데 힘이 되어준 사람들의 이야기를 담담하게 전하며 우리와 주변을 돌아보게 한다.

**10 아주 특별한 우리 형** 고정욱

초등학교 3학년인 종민이는 다정한 부모와 행복하게 사는 외아들이다. 그런데 어느 날 갑자기 먼 친척 할머니가 돌아가셨다는 연락을 받고 급히 나간 부모가 뜻밖에도 뇌성마비 종식이를 데리고 온다. 더구나 친형이라고 소개한다. 종민이는 형이 뇌성마비라는 것도 놀랍지만 지금까지 자신을 속여온 부모에 대한 배신감과 갑자기 부모의 사랑과 생활의 중심이 형에게 옮겨갔다는 사실 때문에 괴로워한다.

11 **안녕하세요 벨 박사님** 주디스 조지

농아이면서 맹아 헬렌 켈러가 장애를 극복하고 훌륭한 여성운동가가 되는 과정을 보여준다. 벨 박사의 사랑과 이해, 지지를 받으며 평생 변함없는 우정과 사랑, 능력에 대한 신뢰를 쌓아간다. 헬렌 켈러가 벨 박사의 노력과 사랑, 설리번 선생의 헌신, 자신의 노력으로 일어서는 모습이 잘 나타나 있다.

12 **장애를 딛고 선 천재화가 김기창** 심경자

대한민국 남녀노소 모두에게 친숙한 초록 지폐의 근엄한 얼굴, 세종대왕의 얼굴을 그린 사람이 운보 김기창 화백이란 사실을 아는가? 청각장애인인 화가는 그림으로 날마다 우리와 얼굴을 맞대고 있다.

13 **절망은 희망의 다른 이름이다** 박진식

이 책의 작가는 꿈 많은 소년 시절 갑자기 과잉 생산된 칼슘이 축적되어 몸이 서서히 굳어가는 희귀한 병에 걸린다. 정밀 검사 후 병명을 알았지만 치료 방법을 찾을 수 없었고, 스무 살을 넘기지 못한다는 충격적인 이야기를 듣는다. 몇 번이나 죽을 고비를 넘기면서 정신병을 앓기까지 하지만, 작가는 끝내 생명의 끈을 놓지 않고 삶의 의미를, 그리고 희망을 찾고자 몸부림친다.

14 **지선아 사랑해** 이지선

대학교 4학년 때 당한 교통사고로 온몸에 화상의 흔적을 안고 사는 이지선. 하지만 사고로 자신의 인생이 끝난 것이 아니라 오히려 그때부터 새로운 인생이 시작되었다고 당당하게 말하는 그녀의 이야기이다.

15 **로봇다리 세진이** 고혜림 · 이현정

MBC 다큐멘터리 〈사랑〉에 방영되어 많은 화제를 일으켰던 세진이와 가족의 이야기를 엮은 책. 선천성 무형성장애아로 태어나 생후 5개월 만에 버림받았지만, 든든한 가족을 만나 세상과 싸워 이긴 세진이의 이야기를 담았다. 장애와 입양의 아픔을 딛고 일어서 꿈을 향해 달려가는 세진이의 이야기가 감동적으로 펼쳐진다.

16 **티타늄 다리의 천사 애덤 킹** 박정희

두 다리가 없는 입양 장애 소년의 씩씩한 세상 걷기! 이희호 여사와의 인연으로 2001년 4월 프로야구 개막식 때 마운드에 올라 입양아와 장애아, 그리고 온 국민에게 희망과 감동을 선사한 애덤 킹의 이야기를 동화 형식으로 구성한 책이다.

17 **우리 누나** 오카 슈조

장애아들과 평생을 함께한 교사가 진솔하게 쓴 감동적인 이야기 여섯 편이 실려 있다. 장애아들을 둘러싸고 벌어지는 사건들을 통해서 인간의 존재를 다시 한번 곰곰이 생각해보고 난 뒤, 비로소 장애인을 비롯한 타인에 대해서 따뜻한 시선을 갖게 하는 가슴 찡한 이야기를 소개한다.

18  **할 말이 많아요** 존 마스든

가족과 헤어져 낯선 기숙학교에서 지내게 된 열다섯 살 소녀의 일기 형식을 취한 호주 작가의 소설. 자신에게 상처를 입힌 세상이 두려워 말문을 닫아버렸으면서도, 끊임없이 그 세계를 그리워하는 주인공이 장애를 극복하는 과정이 감동적이다.

19  **햇볕 따뜻한 집** 조은

평범하게 살아가는 동희네 집에 한솔이라는 아이가 함께 살면서 벌어지는 일을 그린 조은 시인의 첫 장편 동화로, 장애아 문제를 다루고 있다. 깊은 사고에서 빚어내는 아름다운 문체와 해맑은 그림이 잘 어우러진다.

20  **희망을 푸는 두레박** 오아볼로

태어난 지 3일 만에 뼈가 부러지는 병인 골형성부전증에 걸린 1급 지체장애인인 작가의 자전적 에세이. 원망과 한탄 속에 살다가 서른한 살에 이웃과 삶에 대해 눈을 뜨고, 서른여덟에 아내를 얻기까지의 경험을 담았다.


**④ 자기관리 능력**


1  **스물아홉 생일, 1년 후 죽기로 결심했다** 하야마 아마리

스물아홉의 나이에 스스로 1년의 시한부 인생을 선고할 수밖에 없었던 저자의 이야기를 담은 책. 절망에 빠져 있을 때는 혼자만 힘들다는 생각에 괴로워했지만, 1년의 치열한 삶을 통해 사실은 그렇지 않다는 깨달음을 얻는다. 죽음을 주시하며 살아가는 인간이 갖는 놀라운 힘을 보여준다.

2  **국경없는 의사회** 데이비드 몰리

국경없는 의사회 캐나다 지부이사를 맡아 비의료 자원봉사자로 7년간 일해온 데이비드 몰리가 자신이 경험한 현장의 모습들을 진솔하게 이야기한다. 매년 180만 명의 어린이들이 더러운 물과 불결한 환경 때문에 죽어간다는 현실적인 보고는 물론이고, 그들과 대면했던 하루하루를 담은 일기도 수록되어 있다.

3    **까망머리 주디** 손연자

많은 우리 어린이가 해외로 입양되어 살고 있다. 이 책은 이렇게 해외로 입양된 아이들 이
야기를 다뤘다. 미국으로 입양된 주디는 입양된 사실을 깨닫지 못하다가 어느 날 자신의
존재를 깨닫고 조국에 대해 생각한다.


4    **꽃들에게 희망을** 트리나 폴러스

청소년뿐 아니라 어른을 위한 세계적인 고전. 두 마리 애벌레가 겪는 사랑과 희망의 모험
을 원색 삽화와 함께 들려준다. 줄무늬애벌레와 노랑애벌레는 단순히 먹고 자라는 것 이상
을 원한다. 우리에게 사랑과 희망의 소중함을 일깨워주는 책.


5    **나는 희망의 증거가 되고 싶다** 서진규

이 책은 꿈과 도전의 다큐멘터리이다. 삶의 가장 낮은 곳에서 지핀 '희망의 등불'이 마침내
'희망의 증거'가 되기까지 작가는 자신을 가로막는 벽돌을 뚫고 나간다. 작가는 "황무지에
서 맺은 열매가 달콤하다. 그러나 그 열매는 여럿이 나눌 가치가 있다"라고 역설한다.


6    **소설 동의보감** 이은성

조선시대 중엽, 비록 미천한 출신이나 정일품에까지 오른 명의 허준의 일대기. 한방 의학서
《동의보감》을 편찬하기까지 허준이 펼친 의술 활동과 삶을 흥미롭게 기술했다.


7    **땅에 그리는 무지개** 손춘익

어려운 환경에서도 자신의 꿈을 이루기 위해 애쓰는 한 소년의 성장 기록으로, 경제적으로
몹시 궁핍했던 1950년대 후반을 배경으로 한 동화. 꿈을 잃지 않고 사는 삶의 소중함을 일
깨워준다.


8    **모두 아름다운 아이들** 최시한

살아간다는 것, 배운다는 것, 커간다는 것 등을 주제로 삼으면서 소설 미학을 충분히 살린
수작이다. 빼어난 감수성과 탄탄한 문장력으로 아이들의 고민과 갈등, 꿈과 희망을 그려냈
다. 자신의 교육관을 전면에 내세운 나머지 자칫 생경해지기 쉬운 종래 교육소설의 한계를
벗어났다.


9    **바다의 선물** 앤 모로 린드버그

시인이며 수필가이기도 한 작가가 여름휴가를 외딴섬에서 보낸 것이 계기가 되어 집필한 책
으로, 바다에 대한 잔잔한 단상이 시적 깊이와 아름다움을 담고 있다. 작고 보잘것없는 조개
껍데기를 통해 나의 생활과 주변 사람들의 관계, 그리고 인간과 자연의 관계를 섬세한 통찰
력과 시적 문장으로 나직하게 들려준다. 또 문명 세계에서 우리가 겪는 수많은 부정적 요소
와 대립적 관계에서 잠시나마 벗어나 자신만을 위한 창조적인 휴식의 필요성을 강조한다.

10  **사금파리 한 조각** 린다 수 박

2002년 1월 린다 수 박에게 뉴베리상을 안겨주며 화제가 된 동화. 아름다운 고려청자의 세계와 청자를 빚어내기 위한 도공들의 장인 정신을 인상적으로 그리는 것과 동시에, 한 아이가 자신의 꿈을 이뤄가는 과정을 묘사한 성장 동화이다.

11  **세상에서 고양이가 사라진다면** 가와무라 겐키

어느 날 갑자기 시한부 선고를 받는 주인공. 그 앞에 나타난 부담스러울 정도로 화려하고 쾌활한 악마. 하루를 연명하기 위해 세상에서 뭔가 하나를 없애야 한다는 비현실적 거래. 그리고 잇달아 사라져가는 전화, 영화, 시계, 고양이까지. 인간의 '가치'와 '판단'에 관한 문제를 소설 형식으로 흥미롭게 풀어낸 작품이다.

12  **우동 한 그릇** 구리 료헤이다케 · 다케모노 고노스케

가난한 시대를 살았던 어른과 가난을 모르는 어린이를 위한 이야기 두 편을 실은 책. 어려운 시절 용기와 웃음을 잃지 않고 살아가는 세 모자의 아름다운 이야기 〈우동 한 그릇〉, 임종을 앞둔 어머니의 소망을 위해 먼 길을 달려온 〈마지막 손님〉 등 가슴 뭉클한 사연을 실었다.

13  **운명** 임레 케르테스

2002년 노벨 문학상 수상작. 헝가리 작가 임레 케르테스의 대표작으로 원제는 '운명 없음'을 뜻하는 헝가리어 'Sorstalansag'이다. 작가 자신의 아우슈비츠 체험을 담은 이 작품에서 작가는 열다섯 살 소년 죄르지의 시선을 통해 도저히 어쩔 수 없는 운명에 처한 상황에서도 행복한 순간이 있었음을 고백하며, '자유가 있는 한 운명은 없다'라는 명제를 통해 우리 자신이 바로 운명임을 역설한다.

14  **제로니모** 포리스트 카터

인디언의 생활과 투쟁을 소재로 글을 써와 영원한 인디언의 대변자라 불리는 미국 작가 포리스트 카터의 장편소설. 이 소설 역시 아파치족의 구전 역사에 근거해 드라마틱하게 묘사했다. 작가는 특히 이 소설에서 제로니모라는 한 특출한 역사적 인물을 통해 인디언들의 삶과 철학의 정수를 보여준다.

15  **제인 에어** 샬럿 브론테

1847년 샬럿 브론테는 '커러 벨'이라는 남성 필명으로 《제인 에어》를 발표한다. 강렬한 열정과 자의식을 지닌 제인 에어의 삶과 사랑을 그린 이 소설은 '여성의 입장에서 본 사랑과 욕망'을 다루었다는 사실만으로도 당시 독자들에게 화제를 모았다. 자신의 노력과 의지로 사랑과 행복을 이루고 마침내 자아실현에까지 이르는 여주인공의 모습이 매혹적이다.

16 **조각난 하얀 십자가** 신시아 라일런트

하나님, 목사, 교회, 부흥회 등 종교적 배경이 등장하지만, 이야기의 내면을 이루는 것은 열
네 살 사춘기 소년의 방황과 고민, 그리고 깨달음이다. 부모를 비롯한 세상 누구도 자신을
알아주지 않는다는 고민과 고독에 빠져 있는 또래 아이들에게 좋은 위안이 될 만한 이야기
이다. 신시아 라일런트의 탄탄한 문체도 매우 훌륭하다.

17 **가시고기** 조창인

백혈병에 걸린 어린 아들을 살리기 위해 헌신하는 아버지의 사랑을 그렸다. 자신의 몸이
망가지는 것조차 모르고 아들에게 아픔을 주지 않기 위해 멀리 떠나보내는 아버지의 마음
을 아들의 관점과 구분하여 사실감 있게 묘사하여 보는 이에게 뜨거운 울림을 준다.

18 **크리스마스 캐럴** 찰스 디킨스

19세기 영국의 대표 작가 찰스 디킨스가 1843년 크리스마스 때 발표한 동화. 구두쇠 스크
루지가 크리스마스의 유령을 만나 자신의 과거, 현재, 미래의 모습을 보면서, 진정한 크리
스마스의 정신을 깨닫는다는 이야기로, 출간부터 지금까지 전 세계적으로 꾸준히 사랑받
고 있는 책이다.

19 **0.6˚** 김수종

책 제목 0.6˚는 지난 100년 동안 상승한 지구 평균기온을 가리킨다. 환경문제가 바로 코앞
에 놓인 긴박한 문제임을 체감하게 하고, 환경보호를 위한 일련의 노력을 이끌어내기 위해
30년간 언론인으로 활동해온 김수종 씨가 집필했다.

20 **NBA의 꿈** 벤 조라브스키

미국 프로농구 NBA를 무대로 펼쳐지는 농구인의 삶을 그린 장편소설. 젊고 재능 있는 소
년 아서 게이지와 윌리엄 게이츠는 시카고 빈민가에서 성장하다 길거리에서 농구를 배운
다. 다른 많은 소년처럼 그들도 NBA의 스타플레이어를 꿈꾼다.

⑤ 인간관계 능력

1 **팽이부리말 아이들** 김중미

인천 만석동 달동네의 별칭인 팽이부리말을 배경으로 서로 위로하고 의지하며 꿋꿋하게
성장해나가는 아이들의 모습을 그린다. 팽이부리말은 한국전쟁 직후 가난한 피란민이 모
여 살면서 만들어진 동네로, 인천에서 가장 오래된 빈민 지역이다. 작가 김중미는 자신의

경험을 생생하게 살려, 초등학교 5학년인 숙희와 숙자 쌍둥이 자매를 중심으로 가난한 달 동네 구석구석을 착실하게 그려나간다.

## 2 그림자 개 빠로 아난드

인도 어린이들의 삶을 담은 인도 현대 동화 열 편을 모았다. 서구 동화에 익숙한 어린이들에게 새로운 이야기 세계를 선보이면서 가난, 불평등, 종교 분쟁, 식민지 역사 등 현대 인도가 당면한 현실 문제 속에서 씩씩하게 자라나는 어린이들의 모습을 만날 수 있다.

## 3 너도 하늘말나리야 이금이

각각 가정에 문제가 있는 미르, 소희, 바우 세 친구. 사춘기에 접어들면서 자신의 환경 때문에 느끼는 갈등과 아픔을 서서히 극복하고 밝게 자라는 모습을 따스하게 담아냈다.

## 4 문제아 박기범

이 책에 실린 단편 열 편의 소재는 소 떼 방북, 한 부모 가정 문제, 아빠의 손가락 무덤, 정리 해고 등 하나같이 어린이 문학 작가들이 다루기 꺼리고 피하던 것들이다. 그러나 작가는 이러한 사회적인 주제와 소재를 다루면서도 어린이 눈높이에서 대상과 공감을 나눌 수 있도록 어눌한 듯 뭉치는 화법을 구사한다.

## 5 물새처럼 김일광

바닷가를 터전으로 삼아 일하는 어른들과 그 안에서 살아가는 아이들의 삶을 그린 세 편의 동화를 실었다. 바닷가 사람들의 고단한 생활과 애환, 이웃과 나누는 작고 소박한 행복을 거칠지만 따뜻한 그림과 함께 푸근한 목소리로 들려준다.

## 6 바람이 울다 잠든 숲 최나미

어린 나이에 엄마를 잃고 일찍 철든 초등학교 4학년 소녀 주하가 할아버지를 통해 겪게 되는 아주 특별한 기적에 대해 소개한다. 특히 주하가 할아버지와의 따스한 우정을 통해 버거운 현실을 잠시 내려놓고 아이답게 자라는 성장 과정을 덤덤하면서도 담백하게 그려내 가슴 뭉클한 감동을 전한다.

## 7 밥짓는 시인 퍼주는 사랑 최일도

다일공동체를 설립하여 소외된 이들의 삶을 대변해온 저자가 신학생 시절, 결혼, 다일공동체의 삶 이야기를 진솔하게 담았다. 스스로 인간의 밥이 되어 인간을 살리고자 했던 예수의 가르침을 몸소 실천한 그의 진면목을 상세히 보여준다.

## 8 사랑의 학교 에드몬드 데 아미치스

엔리코라는 초등학교 4학년 학생이 1년간의 학교생활을 적은 일기 형식으로 되어 있다. 학교생활과 친구들 이야기뿐 아니라 이탈리아의 통일 전쟁 직후 사회 각 계층에서 일어나는 일을 생생하게 그렸다.

### 9   수색, 그 물빛 무늬 이순원

이순원 씨의 연작 장편으로 시앗 문제를 잘 처리하며 다섯 남매를 키워온 한 어머니에 대한 묘사를 통해 진한 감동을 전한다. 옛것에 대한 기억이 속도전으로 치닫는 현대사회를 은근히 비판하며 가족의 화해와 따뜻한 유대 관계를 되뇌게 한다.

### 10   숭어 도둑 이청준

개펄에 일 나간 홀어머니를 갯나들목까지 마중 나가는 아이, 시집간 누나의 땀내 나던 등이 그리워 누나가 오기만을 학수고대하는 아이의 모습에서 작가의 어린 시절을 엿볼 수 있다. 그리움과 기다림의 정서를 바탕으로, 자연의 따스한 기운과 인간의 정을 담은 어른을 위한 동화.

### 11   어린 왕자 앙투안 드 생텍쥐페리

전 세계 독자들에게 한결같은 사랑을 받는 현대의 고전이다. 우리가 삶 속에서 끊임없이 추구하고 확인하려는 가치이지만, 정작 우리가 잊고 있거나 모르고 있는 가치인 '사랑'과 '관계'의 참된 의미를 보여주고 일깨워준다.

### 12   아버지 술잔에는 눈물이 절반이다 윤문원

지금 이 시대를 살아가는 '아버지'의 자화상을 그린 책. 울 장소가 없어서 슬픈 아버지, 술 취한 모습이 더 처연해 그 뒷모습에 눈물짓게 하는 아버지, 술잔의 절반이 눈물인 아버지, 어머니의 웃음보다 두 배쯤 진한 농도로 웃음 짓는 아버지들의 모습이 담겨 있다.

### 13   아프리카 내 사랑 미셸 아르스노

아프리카 우간다에서 그곳 사람들을 치료하며 평생을 보낸 피에로 코르티와 루실 티즈데일의 이야기를 담았다. 정부군과 반란군의 연이은 협박과 약탈, AIDS 등의 난관에도 2만 번 이상의 수술을 치러낸 용기와 인간애에 경의를 표하게 되는 책.

### 14   앞집에 살던 친구 베렐레 에프라임 세벨라

이 책은 공산혁명이 치열하던 스탈린 시절부터 제2차 세계대전이 발발한 후 독일군의 소련 침공으로 이어지는 혼란한 격동기를 배경으로 한다. 소련의 작은 유대인 마을에 사는 두 소년이 혹독하고 냉엄한 사회 분위기 속에서도 인생에 대한 따뜻한 시선으로 우정과 정의를 아름답게 지켜내는 러시아 작품이다.

## 15 얼굴 빨개지는 아이 장 자끄 상뻬

산뜻한 그림과 익살스러운 유머, 간결한 글로 읽는 이의 사랑을 받는 상뻬의 또 하나의 그림 이야기. 시도 때도 없이 얼굴이 빨개지는 특이한 병 때문에 따돌림받고 외로워하는 아이가 역시 시도 때도 없이 재채기를 쏟아내는 아이를 만나면서 키워가는 우정을 그렸다.

## 16 오래된 미래 헬레나 노르베리 호지

서부 히말라야 고원의 작은 지역 라다크. 작가는 빈약한 자원과 혹독한 기후에도 생태적 지혜를 통해 1,000년이 넘도록 평화롭고 건강한 공동체를 유지해온 라다크가 서구식 개발 속에서 환경이 파괴되고 사회적으로 분열되는 과정을 보여주며, 사회적·생태적 재앙에 직면한 우리의 미래에 대한 구체적 희망은 개발 이전의 라다크적 삶의 방식이라고 말한다.

## 17 우리 통일, 어떻게 할까요 강만길

우리나라의 통일 문제를 민족사의 맥락 속에서 다룬 책이다. 강만길 교수는 역사학을 50년 넘게 공부하고 가르친 자의 의무감으로 이 책을 펴냈다. 6·15 남북공동선언의 의의와 감격을 젊은이들에게 전해 역사의식과 통일의식을 높이는 데 도움이 된다면 그보다 더 바랄 것이 없다는 마음을 담았다.

## 18 우주선과 카누 케네스 브라워

첨단 물리학자인 아버지와 원시생활을 하는 아들의 독특한 삶을 그린 논픽션. 인류를 구원하기 위해 우주 이주지 건설을 꿈꾸며 핵 동력 우주선 연구에 열정을 쏟는 아버지와 대자연 속에서 나무 집을 짓고 살며 과학기술 시대 이전의 자신을 되살림으로써 인간의 운명이 구원될 수 있다고 믿는 아들의 갈등과 화해를 감동적으로 그린다.

## 19 집으로 가는 길 띠너꺼 헨드릭스

한국에서 네덜란드로 입양된 인따는 지금까지 한 번도 자신이 입양아라는 사실을 심각하게 생각해본 적이 없다. 그러나 오빠의 친구 리처드를 짝사랑하면서 자신의 외모가 네덜란드 아이들과 다르다는 것을 깨닫는다. 인따는 가족, 친구, 그리고 네덜란드가 점점 낯설게만 느껴진다. 그리고 인따의 뿌리 찾기 여행이 시작된다.

## 20 트레버 캐서린 라이언 하이디

'Pay It Forward', 우리말로 번역하면 '다음 사람에게 베풀기' 운동을 생각해낸 열두 살짜리 소년이 세상을 바꾼 이야기. 한 사람이 주위의 세 사람에게 친절을 베풀고, 그 사람들이 다시 '다음 사람 세 명'에게 친절을 베푼다면 세상이 바뀔 수 있다는 아이디어를 소개한다.

**이 책의 방법대로**
**더 공부하기 원하는 사람들을 위하여**

새로운 공부 방법을 선택해서 다시 공부를 시작한다는 것은 결코 쉬운 일이 아니다. 이런 경우 함께하는 사람들이 있으면 큰 도움이 된다. 5차원전면교육협회 홈페이지 들어오면 이런 방식으로 공부하는 사람들이 서로의 정보를 교환하고 함께할 수 있다(www.5eduforum.org). 그곳에서 필요한 학습을 연습할 수 있는 워크북 교재도 구입할 수 있고, 동영상을 통해 어떻게 워크북을 공부하는지 방법도 배울 수 있다. 또한 지금까지 이 교육을 해왔던 사람들과의 정보교류를 통해 계속할 수 있는 힘도 얻게 될 것이다.

훈련 도서

① 자기경영: 지력·심력·체력·자기관리 능력·인간관계 능력을 기반으로 전면적 인성을 기르기 위한 워크북(중등, 고등용).

② 창조적 지성: 학문의 9단계를 기반으로 창조적 지성을 기르기 위한 워크북(초등, 중등용).

③ 언어 수용성(영어): 사고 구조와 발성 구조를 변환하여 글로벌 의식을 기르기 위한 워크북(초등, 중등용).

④ 융합수리: 수학적 언어의 1대원리 5소원칙 훈련을 통해 융합적 능력을 기르기 위한 워크북(초등, 중등용).